ババア、ノックしろよ！

TBSラジオ「ライムスター宇多丸のウィークエンド・シャッフル」編

リトルモア

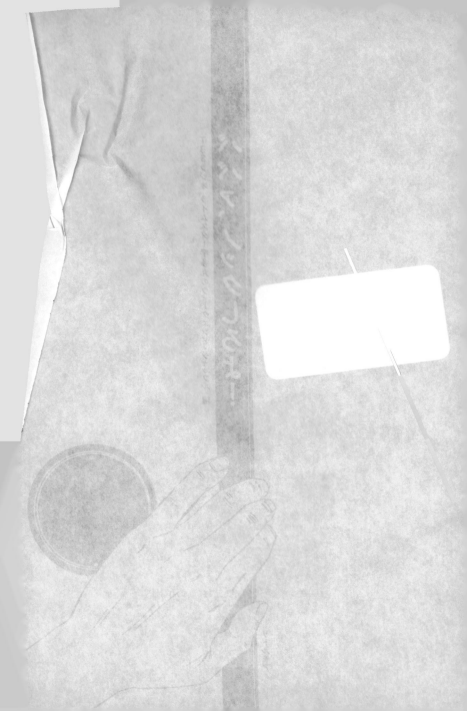

ババァ、ノックしろよ！

目次

生きとし生けるもの、みんなお母さんから生まれてきた。しかし、奴らはその事実を笠に着て我々のプライバシーにずかずかと踏み込んでくる。たのむ、たのむから……

ババア、ノックしろよ！

そんな、母性という名の無神経、通称「母シズム」を、いま告発しよう。

本書は、TBSラジオ「ライムスター宇多丸のウィークエンド・シャッフル」（通称タマフル、毎週土曜日22：00～24：00）の中で、二〇一六年一月十六日～十一月五日まで放送された、マザコン型投稿コーナー「ババア、ノックしろよ！」を書籍化したものです。お母さん（やお父さん、兄弟や祖父母など）の「ノックレス・コミュニケーション」により被った、許しがたい辱めや、現役のお母さん側からの懺悔など、リスナーから寄せられた投稿をまとめました。

◎凡例◎

「タマフル」パーソナリティ・宇多丸（ライムスター）による、投稿への書き下ろしコメントです。

・タイトル横に、ラジオネームを記しました。

「マンガ読むなら、果物食べる？」

簑和田裕介（東京都／男性／32歳／「タマフル」ディレクター）

僕が中学生の頃、期末試験中に起こった事件です。

夕飯のあと、僕は学生らしく自分の部屋で試験勉強を始めました。一時間ぐらいたった頃でしょうか。ひとつの教科の勉強が終わり、少し休憩しようと、はまっていた、大友克洋の『ＡＫＩＲＡ』に手を伸ばしたとき、「マンガ読むなら、果物食べる？」とどこからともなく、母親の声が聞こえてきたのです。しかし、部屋のドアは閉まっています。まさか！　と思い、窓の外を見てみますが、母親の姿はありません。母親の生き霊か何かの心霊現象なのでは!?　と怖くなった僕は、無視して『ＡＫＩＲＡ』を手に取りました。すると再び、「マンガ読むなら果物食べようよ～」という声が。僕は、怯えながらも再び周囲を見回し、声の主を探しました。

ドアのほうに目を向けると、何か視線を感じます。目を凝らして、あたりを満遍なく見渡すと、なんと、ドアと床の三センチほどの隙間から、母親が部屋を覗いていいたのです。狭い隙間から僕を見ている母親と目が合ったときは、一瞬心臓が止まるぐらいびっくりしました。そのとき言葉では、「果物用意できたら声かけてね」と返事をしましたが、心では「ババァ、ノックしろよ！」と叫んでいました。

それからというもの、僕は自分の部屋に入ったら、布団でその隙間を埋めるようになりました。

このエピソードは当番組ディレクター、Ｄキモチワルイこと簑和田くんの逸話で、このコーナーの記念すべき第一回目に、パイロット版的に発表されたものです。
この企画を始めるにあたってひとつ懸念していたのは、結局「自室で優雅にハッスルタイム！と思ったら、お母さんに見つかっちゃった」的なネタばかりになってしまって、投稿のバリエーションがあまり広がらないんじゃないか、ということでした。でも、この話なんか、「勉強の合間に『ＡＫＩＲＡ』を読む」という、それ自体は後ろめたくもなんともないはずの行為なのに……ってことですもんね。こういう感じもアリなら意外とイケるかも！　という感触を、初回にしてつかむことができたのはとても良かったと思います。
「声はすれども姿は見えず、視線を落としてみると……ギャーッ！」という描写の流れ、さすが当番組のディレクターだけあって映画的で素晴らしいですけども、それ以上に、お母さんの行動が異常すぎだよ！　完全にサイコホラー！　愛情ゆえの過保護が、常識の一線を越え狂気へと踏み込んでゆく、まさにその瞬間を捉えた名篇と言えるでしょう。

グラビアモデルになったお隣のユミコちゃん

ポテト酒巻（栃木県／男性／26歳）

学生時代のことです。受験の重圧から来る心的外傷を紛らわすため、私が色欲の一人遊びに興じようとズボンに手をかけた瞬間でした。

「遅くまでお疲れさま。コーヒーを持ってきたわよ」

と母が入室。私は慌てず平静を装いながら、

「あ、ありがとう母さん。いただくよ」

ととりつくろい母には退室してもらいました。

一呼吸おいて、すかさずズボンを下ろし青年誌の巻頭グラビアのページをめくり右手を下半身へ伸ばした矢先、

「そうそう言い忘れていたわ、お隣のユミコちゃんがグラビアモデルになったらしいのよ。あなた知ってるかしら？　昔からスタイル良くてかわ……」

……あまりの出来事に目の前がブラックアウト。

「ち、違うんだ！　母さんこれは身体の調子がおかしいからズボンを下ろしていただけであって誤解なんだ！」

「あなた、まさかユミコちゃんで卑猥なことをしようとしていたの……」

そう、私が開いたページはまさにお隣のユミコちゃんが初グラビアを披露したページ。進退窮まった私は腹の底から声を振り絞り
「バッ、ババァッ！　ノックくらいしろやッッッ！」

と絶叫。その後、母との間に齟齬が生じることになったのは言うまでもありません。

まず、「色欲の一人遊び」っていうのがいいよね。このコーナー、こうした行為の表現の仕方が、ひとつの勝負どころでもあります。
　とにもかくにも、第一波攻撃を幸運にもつつがなくやり過ごしたところまでは良かった。問題はそのあと！　ポテト酒巻さん側の、「一呼吸おいて、すかさずズボンを下ろし」というアクションが、いかにも性急だったのは否めない。しかし、僕が世のお母さん方に訴えたいのは、まさにその部分です。「思春期男子の性急さ」を、舐めちゃダメ！
　何しろヤツらは、一日のほぼ大半を誰かからの監視と抑圧のもとで過ごしていますから、わずかに与えられた「自由な時間」に、とにかく飢えているのです。ドアが閉まった瞬間、その向こうはヤツらにとっての解放区、とでも思っておいたほうがいい。そこで何が「解放」されているかは、知らぬが花……もっとはっきり言えば、そこまで管理しようとしないでくれ！　というの

が、男女問わずあらゆるティーンエイジャーの心の叫びではないでしょうか。世のお母さまたちも、どうかその扉の「重み」を意識して、開ける際にはくれぐれもご配慮いただきたい、というのが当コーナーからの切なるお願いです！

それにしても、「お隣のユミコちゃんがグラビアモデルに!?」って、ちょっとエロいラブコメとかにあってもおかしくなさそうな、どっちかと言ゃぁそりゃ、嬉しいシチュエーションですよね。それをもって、プラマイゼロってことにしておきましょうよ！

栄養が偏らないように気をつけるのですよ。

チェストソング1号（東京都／男性／39歳）

私が三十代前半の頃の話です。

実家に帰省していたある日、私はふと立ち寄った靴屋で見かけたスニーカーに一目惚れをしました。カーテンを引いて暗くした部屋に独りこもり「誰にも渡さないよぉ、ワシの愛しいしと」と、スニーカーを賞《め》でる自分の姿が容易に想像できるほどの、魔性を秘めたスニーカーとの出会いでした。

しかし、とても気に入って買ったはずのスニーカーですが、私は迂闊にも実家に置き忘れて帰ってきてしまいました。それに気がつくと、すぐさま実家に電話し、母にお願いして宅急便で送ってもらうことになりました。

後日、届いた段ボールを開けると、そこには変わり果てた姿の「愛しいしと」が……。買ったばかりのアディダスのスニーカーは、右足にマヨネーズ、左足にメープルシロップのボトルが、ぎゅうぎゅうに詰め込まれており、そんな物を無理矢理詰め込まれたせいで、スニーカーの横幅は有り得ないぐらいパンパンに膨らんで、変形していたのです。

「ババァ、ヘッドロック喰らわすぞ⁉」

段ボールに入っていた手紙にはこんなことが書かれていました。

「隙間がもったいないので、調味料を入れておきましたよ。栄養が偏らないように、食べ物には気をつけるのですよ。母より」

アホかぁ⁉　こんな糖分とコレステロールの塊を送りつけておいて、栄養バランスもクソもあるか！　しかも、スニーカーのなかは「隙間」じゃねぇ！　ザケンな、ババァ！

三十を過ぎたイイ大人になったはずの自分を、一瞬だけ少年だったあの頃に戻らせてしまう、母の「お節介」という名の魔術。たとえいくつになろうとも、母にとっての私はいつまでも子供であり、それに抗うことはできない。そんなことを思い知らされたあの日の出来事を、私は今でも忘れることができません。

この「もったいないから何々しといたわよ」って、母親が子供にやく過剰なお節介のなかでも、かなり定番の理屈ですよね。で、結果として、子供にしてみたら肝心の部分

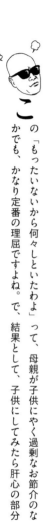

が台無しになっちゃったりして、むしろホントにもったいないことになったりもしがち。

特に、このケースにおけるスニーカーのように、こちらにとって単なる実利を超えた意味を持つ「趣味」の領域と、お母さんならではの身もフタもなく発達した経済観念とは、まさに水と油、決して相容れない概念同士と言っても過言ではありません。仮にお母さまに抗議してみたところで、平然と「あら、だってこれズック靴でしょ？　丈夫で汚れてもいいヤツなんじゃないの？」「そんなズック靴でいくらカッコつけても、誰も見ちゃいないわよ！」などと返され、逆にさらなるダメージをくらうのがオチかもしれません。

三十路になろうが四十路になろうが、それこそ還暦迎えようが何しようが、とにかく子供は子供、アタシが面倒見てあげなきゃな〜んにもできないんだから！　という不動の「母シズム」（P23参照）の前に、こちらもうっかり「子供返り」してしまって、つい大人げない口ごたえなどしてしまう……。「ババァ、ノックしろよ！」イズムに、年齢は関係ないのでしょうね。

私が息子に与えた悪意なき愚行

坂Q（神奈川県／女性）

心から反省しています。ゲームボーイに夢中だった少年の日の貴方が、まさかプラレールへの愛着を絶やしていなかったとは。衣装ケース二箱分を友達の子供にあげてしまいました……。

そして、反省しています。

背中を向けてテレビで『学校の怪談』を観ている貴方に、「早くお風呂に入んなさいよっ」とがなり立てたとき、貴方が涙していたなんて……。あんときは貴方の姉からしこたま叱られましたね。

私は反省しています。

日々の家事や雑事に忙殺され、なかんずく貴方の分刻みのお忙しいスケジュールや、学校でしでかされた外交問題への処理などなど、ついつい忙しさにかまけてしまい、肝心の貴方への対応がぞんざいに見えたことでしょう。反省しています。

母親である私は「でも、でもね」「ちゃうねん、ちゃうねん」などと言い訳は申しません。本当にデリカシーなくてごめんなさい。ごめんなさい。だからこそ、どうぞ、ご自身でお選びになられる伴侶には、私のようなものをお選びになりませんように。心からお祈り申し上げます。

お母さま視点からの投稿なんですが、怖いねぇ、これは。文体が怖いですよ。バカ丁寧というのが相応しい大げさな表現のつるべ打ちに、坂Qさんの底知れぬ執念を感じます。実際、思春期に母親と言い合いなどしている最中、向こうがいきなり敬語で話しだして、「これはヤバいぞ、敵さんいよいよ本気出してくるぞ」と、背筋が寒くなるような思いをしたという方、たくさんいらっしゃるんじゃないでしょうか。

それにしても、「貴方の分刻みのお忙しいスケジュール」って、ちょっと身につまされちゃいますよね。大人になってから振り返ると、学生時代って、何をあんなに「忙しがって」いたんだろう？　ってなるもんなぁ……そして、幼さゆえのその視野の狭さを、他ならぬ母親からずーっと見透かされていたのだという、当たり前と言えば当たり前の事実にまた、改めて戦慄。そりゃ向こうも、永遠に上から目線が抜けないわけだわ！

「みんな、食べながら聞いてくださいね」

浦安ＮＯＴ埼玉（東京都／男性）

あれは忘れもしない小四の五月。僕の誕生日会のためにクラスメイト七人が遊びに来たときのことです。

誕生日会に呼ばれたことはあったものの自分の誕生日会に人を呼ぶことは初めてで、その日は朝からウキウキが止まらず、はしゃいでおりました。しかしこのときはまったく気づいておりませんでした。僕が長男のため、母にとっても初めての我が子の誕生日会だったことを。

その日の放課後、みんなが家に来てくれて誕生日会が始まりました。みんなそれぞれビックリマンシールやキンケシ（キン肉マン消しゴム）などのダブリで僕が持っていないのをチョイスしてプレゼントしてくれたり、ドラゴンボールのエンディング曲「ロマンティックあげるよ」をバースデーソングに替え歌してくれたり、最高の時間が過ぎていきました。

そして終盤に差し掛かりケーキが登場し、この誕生日会がクライマックスを迎えようとしたときに悲劇が起きたのです。

僕のリクエスト通りの不二家のショートケーキを母が切り分け、みんなが食べ始めたときに突然母が立ち上がりエプロンのポケットから手紙を取り出しました。「みんな、食べながら聞いてくださいね」と母は少し緊張した面持ちで「浦安NOT埼玉ちゃんへ」と僕への手紙を読み始めたのです。

僕はみんなの前でちゃんづけで呼ばれたことが恥ずかしく一瞬で顔が赤くなるのがわかりましたが、事態はそれどころではありませんでした。

「生まれ来てくれてありがとう」

僕は生まれて初めて顔から火を噴くという経験しました。

「早産のために小さく生まれたときは、お父さんと神社にお願いに行きました」

ババァ……。

「どんどん成長する浦安NOT埼玉ちゃんが私の生きがいです」

ババァ……やめてくれ……。

「これからも友達を大切に元気に生きていってくださいね」

ババァ！　黙れ！　手紙読むな！

その後のことはあまり憶えておりませんが、僕が泣き叫びそのまま誕生日会はお開きとなりました。

後日、教室でみんなが笑って話していたところに僕が行くと、突然笑いが止まり「ああ、あの話してたんだな」と感じずにはいられないことが何度かあり、小四で反抗期を迎えた僕は、母が望んだ通りに少し早く大人になりました。

ババァ、俺の心のドアもノックしろよ！

これ、お母さんもかわいそうなんですけどね。１００％良かれと思って、浦安ＮＯＴ埼玉さんへの愛情を、しっかり言葉にして伝えてくださったわけですから。本来なら、間違いなく「イイ話」にカテゴライズされるべきエピソード、のはずなんですけども……。せめて、浦安ＮＯＴ埼玉さんと二人きりのときならまだ良かったんでしょうけどね。恥ずかしさをごまかすために「やめろよォ」程度の憎まれ口は叩くかもしれませんが、顔を真っ赤にしながらも最終的に、ボソッと「ありがとう」と言えるくらいまでは行けたかもしれない。

でもねぇ……友達の前では、良くないです！

小四っていうのがまた、危ない年頃なんですよね、きっと。家のなかではまだ、それこそお母さんに甘えたり、どこか幼児的なところを残していてもおかしくない年齢です。その一方で、学校や公園、塾や児童館など、子供にとっての公的な空間では、そろそろ大人ぶったいきがりや強がりが幅を利かせ始めている。要は「親の庇護下にいる感」が、急速にものすごーく恥ずかしいものになり始める季節でもある。少なくとも男の子社会は、その傾向が強くあると思うんですよね。それゆえ親側も、友達の前で、家庭での「まだまだ小さい子」的なイメージのまま我が子を扱ってしまい、とんだ赤っ恥をかかせることになってしまう。まさに今回の投稿のような惨事を招きやすい時期ではあるかもしれない。

いやしかし、それにしても……最初に言ったように、お母さんに悪気はない、むしろこれは自分への愛情あふれるプレゼントなのだということは、おそらく当時の浦安ＮＯＴ埼玉さんにも、痛いほど伝わっていたはず。それだけに、その場での気まずさ、いたたまれなさは、さらにさらに倍増していたのではないでしょうか。心中お察しいたします！

その後のクラスでの微妙な力関係の変化も、さもありなん。小学校高学年から中学にもなると、ふとした拍子に「未だにお母さんっ子」感が透けて見えただけで、兵隊でいうと階級が下がる、みたいなことになりかねないですからね。ちなみに僕は中学生のとき、落とした消しゴムを拾ってもらおうとして、友達にうっかり「お母さん」と呼びかけてしまい、階級が下がりました。

ババァの歴史は繰り返される

母をたずねて3センチ（東京都／女性）

今から二十年ほど前、私が女子高生だった頃の話です。

電車通学をしていた私に、母はよく「帰りに駅前の本屋で「週刊文春」買ってきて」やら「「噂の真相」買ってきて」やら頼んできました。若干の抵抗はあったものの、〝目立つ表紙じゃないし、まぁいいか〟という気持ちで、頼みに応じていました。そんなある日、母から頼みが。「××のインタビューが読みたいから、「週刊プレイボーイ」買ってきて」と……。

オイ、ババァ！　お前の娘は、まがりなりにも女子高生なんだよ！　女子高生が「週刊プレイボーイ」買ってたらおかしいだろうが！　母親に手渡すときの気持ちも考えろ！　っていうか、家から歩いて五分なんだから、自分で行け！

……と罵りたかったものの、〝「週刊プレイボーイ」に恥ずかしがっている〟ことを悟られるのも恥ずかしく、いつも通り「いいよ」と答えた私。

その日の帰りに「週刊プレイボーイ」を買い、平静を装いながら母に手渡したのでした。

この一件は、〝母は私に嫌がらせをしたかったのでは〟という疑念とともに、長年記憶に残っていました。しかし、自分に子供ができ、当時の母の年齢に近づくにつれ、なぜ母があのような頼みごとをしたのか、わかるようになってきました。

それは、ババァになると、大抵のことが恥ずかしくなくなるから。今の私には、〝「週刊プレイボーイ」を買うのが恥ずかしい〟という気持ちが、さっぱりわかりません。きっと母は、「たまご買ってきて」というくらいの気持ちで、〝「週刊プレイボーイ」買ってきて」と言ったのでしょう。今ならすんなり理解できます。

こうしてババァの歴史は繰り返されるのです。とりあえず、我が子に「週刊プレイボーイ」を買いに行かせることがないように気をつけます。

今となっては、「週刊プレイボーイ」は、ヌードが載っている雑誌っつっても、そのなかでは限りなくソフトなほうだし、女の子が女の子のアイドルのファンだったりすることもすっかり珍しくなくなったので、仮に若い女性が買い求めていたとしてもそれほど奇異な光景ではなくなっているとは思いますけど……って、そういう問題でもないのか？　むしろこういう風に、〝「週プレ」を買うのが恥ずかしい」と感じる気持ちを忘れてしまうことそれ自体が、

母をたずねて3センチさんがおっしゃる通り、ババァ化でありジジィ化の何よりの証左なのかもしれませんね……。

事実、「思春期的自意識というものをまったく理解しようとしないまま、身もフタもない実利主義を押し通そうとする」というのは、母という名の傲慢な強権政治、通称「母シズム」の最たる特徴と言えるでしょう。僕も高校生の頃、母親に、服装や髪型（当時は普通に生やしていたのです）にこだわっている様子を、「そ〜んなことといくらしたって、あんたのことなんか誰も見てないわよ！」と、容赦ない身もフタもなさでバッサリ一刀両断されたもんなぁ……人が見てないからどうでもいいとか、自意識ってそういうことじゃねぇからお母さん！（泣）

ともあれ、「ババァ、ノック」案件に性別の壁などない！　むしろ同性の気安さゆえに、より無神経さが発露しやすい面もある、ということがよくわかる一篇でございました。これが息子に対しての「「週プレ」買ってきて」だと、また別のヤダ味《み》（番組で頻出する僕の造語です）が出てきちゃうもんなぁ……。

ライオン虫

ちゃんぽん山（長崎県／男性／34歳）

あれはたしか僕が小学校一年生か二年生のときのことです。なんの授業だったかは覚えていませんが、担任の先生が「○○のときに使うのは何〜？」とか聞くと、生徒が元気よく挙手をしてみんなの前で答えを言うというクイズをしていました。生徒たちはわれ先にと競って手を挙げ、大きな声で答えては皆嬉しそうにしており、教室内は大変ヒートアップしておりました。私も負けじと手を挙げ続けるなか、先生が次の問題を出しました。

「耳かきをして耳のなかから取り出すものはナーニ？」

答えは、そう、耳垢ですよね。いま思えば変な問題だなという気がしなくもないですが、たしかにあったのです。僕は明確に覚えているのです。なぜ僕が明確に覚えているかというと、当時の僕は耳垢のことを、「ライオン虫《むし》」と母に教わっていたからです。その頃は僕はまだ母に耳かきをしてもらっており、いつも母は「ほら、ライオン虫のお掃除するヨー」と言っていました。

問題が出された瞬間、僕は「先生！　俺に当ててくれ！　ライオン虫を俺は知っている！」と、心のなかで叫んでいました。しかし、幸か不幸か僕は当てられず、別の生徒が答えることになったのです。

生徒「耳垢です」
先生「はい、正解」
ボク「……ミ、ミミアカ？」

もしあのとき、僕がライオン虫と答えていたら、教室の空気はどうなっていたのか。その後の僕は真っ当に学校生活を送れていたのか。イジメられたりしたのではないか、と考えると、今でもゾッとします。

母にそのことを問いただしたのは、僕が二十歳を越えてからです。母は笑いながら「だってそう言ったほうがあんたが怖がって大人しくするから、耳かきしやすかったのよ」と言っていました。

ババァ！　俺の人生めちゃくちゃになるとこだったんだぞ！　ライオン虫ってなんだよ！

ちなみに、僕は生まれてこのかた、母をババァ呼ばわりしたことは一度もありません。

番組内でしまおまほさんとも話したことがありましたけど、「その家庭でしか使われていない特殊な用語」ってありますよね。で、それってたいてい、本来は子供が小さいときにわからせる用だから若干幼児語風だったりして、外でうっかり使ってしまうと恥ずかしい。僕んちだったら、ビオフェルミンを「お豆のお薬」とか（笑）。さすがに外で口にしたことはないですけど。

ちゃんぽん山さんちの「ライオン虫」もまさにそうしたケースそのものなわけです。幸いにも、クラスメイト全員の前で「いかにも赤ちゃんっぽい家庭内スラングを未だに一般名詞だと思い込んでいる＝乳離れできてないヤツ」であることを自ら誇らしげにさらしてしまうという、考えうる限り最悪の事態は回避できたのですから、まぁ良かった良かった。

世のお母さま方も、お子さんが小学校に通うくらいまでにはいいかげん、「赤ちゃんっぽい言葉遣いは、少なくとも他人に聞かれると恥ずかしいものだ」という程度の認識修正はしっかりしておいたほうが、何よりお子さん自身のためなのではないかと。

ちなみに、ちゃんぽん山さん、僕も実は母をババァ呼ばわりしたことは一度もありません。普通に「お母さん」と呼んでいます。

宇宙と中学生男子

ポポロ（東京都／男性）

あれは、まだ私が多感だった中学生の頃。

ある日の夕食後、母は流し台で洗い物をし、私はその後ろの食卓で理科の宿題をしていました。その日の理科の宿題は「地球と宇宙」についてでした。宿題はスイスイ快調に進み、答えが口をついてでてきます。「惑星」「衛星」などなど。そのときです。真ん中が発光して、周りに右回りの渦が描かれた図の問題になりました。そう、銀河系の渦です。その図には、渦の直径を表す直線がひかれており、その直線が目盛で十等分されています。問題は、「第一問、図上の目盛の単位を求めよ」。

「万光年だろ」

私は思わずつぶやきました。その刹那、おもむろに洗い物を中断し、振り向いたバァが私に言いました。

「あんた、勉強してると思ったら何いやらしいこと言ってんの！」

虚をつかれ茫然とする私。次の瞬間、事態を理解すると同時に、濡れ衣を着せられたことに対する怒り、まさかの母による突然の下ネタへの照れがこみ上げ、

「い、言ってねぇよ」

とつぶやくのが精いっぱいでした。

ババァオメー中学生男子かよ！

よくよく考えてみると、「単位」ですから、答えは「光年」で良いのではないでしょうか？「万」は要らない。ポポロさん、やっぱ下ネタだったんじゃないの!?

冗談はさておき、なるほどそのくらいの年頃の男子は、辞書でエロそうな言葉を探したり、地図でエロそうな地名を探したり、勉強してる風を装いつつ手に入れられる限りのエロそうな情報収集に余念がないものですが……そんなの、母親に聞こえる距離でわざわざ言うわけねぇだろ！

あまりにも先走った決めつけぶりから、そもそも自分をそういう疑いの目で見ていたんだろうな、というのがわかりやすく伝わってきてしまうのがまた、腹立たしいあたりですよね。しかも、この件に関しては完全な冤罪であるにもかかわらず、たしかにそういう後ろ暗い行為に走っているときというのもあるにはあるため、あまり強くも言い返せない。

このケースに限らず、母親からはなんであれ性的なことに関して言及されたくない！というのは、あらゆる思春期男子に共通する切なる思いなのではないかと思います。お母さんたち、そこんとこもうちょっとわかってあげて！

「ご飯」「島」「愛」

パエリャで卵かけごはん（兵庫県／男性）

私は、日本人の父と外国人の母との間に生まれたハーフです。この度ご紹介させていただくのは、母親によるアダルトビデオの発見&押収という、辛いながらもそれ自体よくあるエピソードなのですが、母親が西洋出身であることにより惨劇の度合いを増した事例についてです。

あれは今から二十年近く前、私が高校生だった頃のことです。その日、私の貸していた『名探偵コナン』全巻と飯島愛さん出演のアダルトビデオを返却すべく、友人が紙袋をかかえて我が家にやってきたのですが、事件は彼が帰った直後に発生しました。

扉をノックしないのは当然として、決して足音もたてない母がいつものように私の部屋を急襲し、「これ何かしら」と言って友人が置いていったその紙袋におもむろに手を伸ばしました。私は平静を保ちながら漫画であると答えました。気を利かせた友人が紙袋の一番底にアダルトビデオを入れ、その上に『コナン』全巻を載せてカモフラージュしてくれていると知っていたからです。

しかし、次の瞬間、紙袋の底が破れ、コナン君もろとも飯島愛さんが飛び出してきたのです。

ああ、なんということが起きたのでしょう。「見た目は子供、頭脳は大人」ゆえに色々こじらせているに違いないコナンが、読者が一番知りたいであろう彼の性の秘密をカミングアウトするかわりに、「見た目も頭脳も高校生」の私の秘密を告発したのです。

おいコナン！　余計なお世話だ、バカヤロウ！

ビデオを発見した私の母は「これポルノでしょー！　ポルノ！　ポルノ！」と、アダルトビデオのことをAVでもエロビデオでもなく、「ポルノ」という不穏かつ淫靡な名称で連呼しながら激怒し、騒ぎだしたのです。

しかし、これはまだ悲劇の序の口でした。

漢字の読めない母はビデオのパッケージに書いてある文字の説明を私に求めてきました。「ご飯」「島」「愛」という飯島愛さんの名前を構成する漢字を一文字ずつ息子に読ませたあとに、母が目をつけたのは、デカデカと印刷された「裏」という漢字を丸で囲んだ記号でした。

ただし大抵の場合、「裏」というのは、ビデオ販売業者が中高生の無知につけこんだ真っ赤な嘘で、私の所有していたのもパッケージの「表」に「裏」と書かれたビデオであって、裏ビデオではなかったのです。

ある意味、私は騙されて購入させられた商品について咎められるという二重の意味での被害者だったのです。

無修正という言い回しになじみのなかった高校生の少年に、「裏」という特殊な含意のある日本語を説明できるでしょうか。「男女の局部」という語を避けた説明が思いつくでしょうか。そこには言葉の壁を越えた障壁が立ちはだかっています。

十分に私を質問攻めにしたあとに、私の説明では埒があかないとようやく悟った母は、「もういい、お父さんに聞く」と言って、翻訳家である父の部屋に向かいました。

ババァ、親父はそんなことのために翻訳家になったんじゃねぇよ！

この日は両親とは顔をあわすことはなく、次の朝も会話はありませんでした。幸い母がこの話題を持ち出すことは二度となかったのですが、ビデオが返ってくることはついにありませんでした。

今このエピソードを振りかえりながら考えるのは、そのときの自分の気持ちよりも父の気持ちです。

妻からビデオを見せられたとき、自分が子供の頃に母親から傷つけられた苦いエピソードをまざまざと思い出し、辛い出来事を再体験したのではないでしょうか。ある意味、この事件の最大の被害者は父だったのかもしれません。

ババァ、ノックしろよ！

ババァ、オヤジの古傷までえぐってるんじゃねぇよ！

見事な筆致で読ませる大長編。青少年の一人遊びのお供が見つかって恥ずかしい思いをしたという、それ自体ありがちではある体験に、お母さまが日本語にそんなに堪能でないというツイストが加わった結果生まれた、世にも珍なる羞恥プレイ！

でもまぁ、「裏」ぐらいで済んで良かったんじゃないですか？　これが例えば「飲〇」とか「食〇」とか……まぁこのくらいにしておきますが、とにかくちょっぴり特殊な嗜好とかだったりしたら、さらに何重かの辱めを味わうことになったでしょうし。「イート、ホワット？　はっきり言ってくれないと、聞き取れないヨ！」とか。

しかし、お父さまは「裏」をどう説明したんですかね。普通に考えたら「Underground」であり「Uncensored」ってことだろうけど……そして、「裏ビデオ」という言葉自体、インターネットの普及以降、急速に死語化していった感もあり。そう考えると、いまどきの「一人遊びのお供が見つかって」も、また一味違った光景なんだろうなぁ。

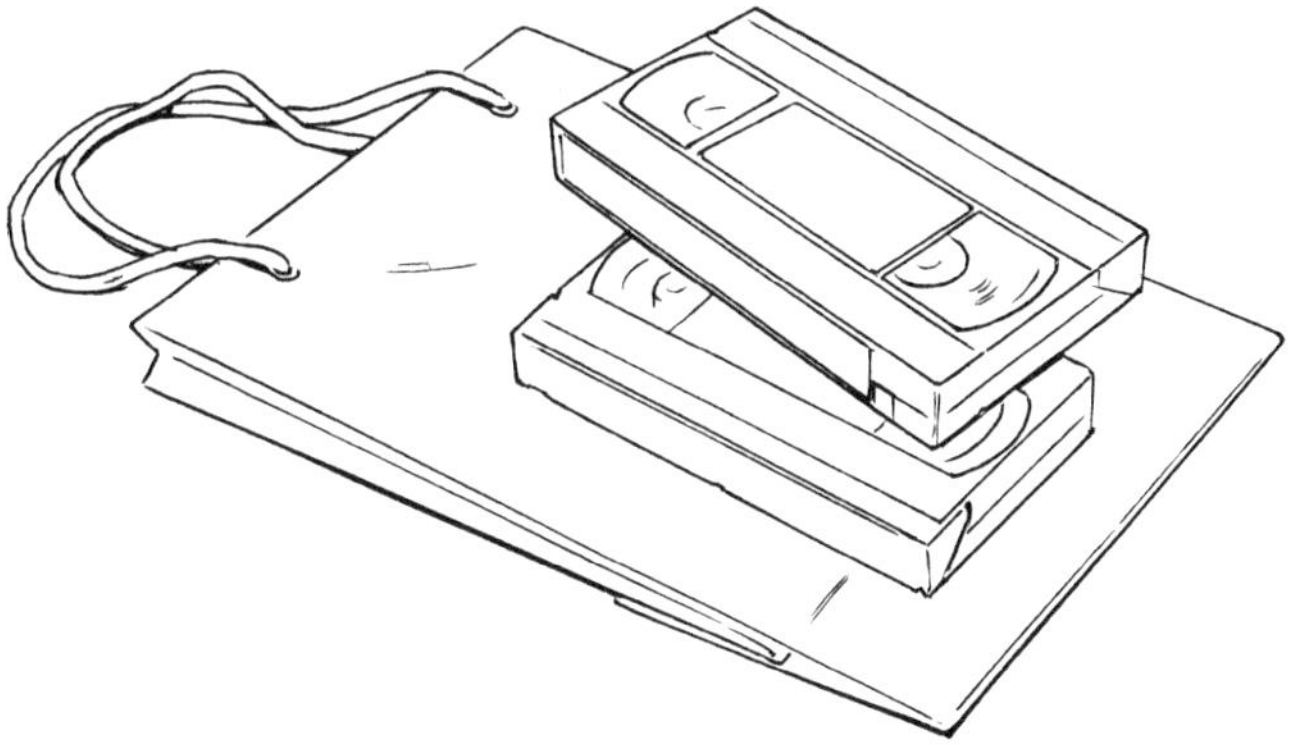

「閉めて」「閉めません」

おかかおにぎり（東京都／女性／40歳）

あれは今から二十年前、ハタチだった頃のことです。当時付き合っていた彼氏とは、お互い実家暮らしにもかかわらず、双方の親に内緒でよく泊まりあっていました。

その日もいつものように、彼が私の家にお泊まりすることに。私の部屋はリビングに面した和室で隣は両親の寝室。少しでも物音を立てれば、即アウトな状況ではありましたが、若かったせいか、そのあたりは非常に奔放かつ、親は娘の部屋には無断で入らないであろうという変な自信もあり、朝方までビデオ鑑賞したり、漫画を読んだりして過ごしていました。

そんなこんなでそろそろ寝るか、と床につき、コソコソと行為に及び始めた私たち。朝方、しばらくしてなんらかの異変に気づき、嫌な予感を抱えながら、ふすまの方に視線をずらすと、なんときっちり閉めたはずのふすまは、犬の散歩で起きたであろう母親によって開かれていたのです！　未だかつて見たことのない真顔で、上半身あらわになった娘と上半身あらわになった彼氏を凝視する母親。

状況をすぐさま理解できずに固まる二人……。やっとこさ出た言葉は、「お、お母さん、ふすま閉めて！」でした。対して「閉めないわよ！」と、頑としてふすまを閉めてくれない母。う、うそだろ〜、ババァ、閉めてくれ！　という心の叫びをなんとか抑えつつ、あくまで平静を装い、「とにかくいったん閉めて、あとでちゃんと話すから」。母「閉めません」。「閉めて」「閉めない」「閉めて」「閉めない」のやりとりの末、何度目かにどうにか閉めてもらいましたが、そのあと眠れなかったのは言うまでもありません。

数日間は、親にあんな姿を見られたなんて、と後悔でのたうちまわっていたはずなのに、一ヶ月たたないうちにまた同じ過ちを繰り返し……。母親の勘ってすごいですね。再度説教をくらったのも、それはそれで若さゆえというか、性欲に勝てなかったんだなと、久しぶりに思い出すことができてよかったです。

「親は娘の部屋には無断で入らないであろうという変な自信」、まずこれね。周到に隠したつもりのエロ本やら何やらにしても、要は「親は家探《やさが》しなどしない」という根拠のない希望的観測に基づいているわけで。そしてもちろん親側は、子供部屋のプライバシーなんて、存在するとすら思ってないから！　当然のように、無断での家宅捜索は、日常的に行われ

ているとと考えるべきでしょう。勝手に引き出しは開ける、モノは整理する、日記があれば、読む！権力とは、常に暴走するものです。

おかかおにぎりさんの場合、隣に両親が寝ているなか堂々とコトに及ぶという、犯行自体のズサンさももちろん大きい。二人がこもりきっている部屋の横で、ひょっとしたらご両親は、ずっとダンボのように聞き耳を立て続けてたんじゃないの？

それにしたって、ねぇ……よりによって娘の行為の真っ最中を目撃してしまうという、親としてこれ以上ないほどの衝撃的事態に動転しすぎたのか、まさかの「閉めません」宣言！いったいそれで、お母さまは何を得る気だったのか？「やましくないと言うのなら、お母さんの前で堂々とやってみせなさいっ！」とか、そういうこと？な、謎すぎる……。

とは言えおかかおにぎりさんも、一ヶ月以内にまた同じことやって叱られたっていうんだから、本質としておおらかなお家柄ではあるのかもしれませんね。なんだかほっこりもするエピソードでした。

「かわいいやろ！　ものは大事にせんといかん！」

メガネゴリラ（福岡県／男性）

私が小学生だったときの話です。当時、私はサッカー部に所属しており、ポジションはキーパーでした。キーパーは、運動量のわりにはユニフォームに対するダメージが大きく、しょっちゅう膝や肘の部分を傷つけていました。

ある日の朝のこと。その日は大事な試合の日とあって、いつにも増して気合いが入っていました。普段なら試合会場でユニフォームに着替えるのですが、その日に限って、家で着替えておこうと思い、母親が準備してくれたユニフォームを手にとりました。そこでふと、異変を感じたのです。なんと、母親が気を遣って、ユニフォームの両肘の部分にかわいいゾウさんとキリンさんのアップリケを縫いつけていたのです！私の母親は服飾系の専門学校を卒業しており、今でも趣味でテディベアを作ったりするほど、裁縫に関してはセミプロ級。無駄にクオリティ高いし、見た目に反して実に頑丈な出来栄え。しかし、そんなことに感心している場合ではない！　こんなかわいい動物さんたちを身にまとってゴールが守れるか！　学校から借りているものに勝手にこんなものをつけたら怒られる！　と私の必死の訴えにも、母親は「なんで？　かわいいやろ！　ものは大事にせんといかん！」と逆説教。

一緒にいた父親がさすがに私の状況を同じ男として不憫に感じたのか、当時サッカー部とは別に通わされていた書道教室の書道キットから、おもむろに墨汁と筆を取り出し、アップリケを塗りつぶすという強硬手段をとってくれました。険悪になる母と父を尻目に家を飛び出す私。しかし、難を逃れたと思ったのもつかの間、明らかに異変が発生している私のユニフォームに、チームメイトも監督もみんな大注目&大爆笑。だって、私の両肘にはどす黒く変色した、ゾウさんとキリンさん。その日の試合の結果は言うまでもありません。母よ、まず息子の意見を聞いてみるという優しさを、あなたの心に縫いつけてくれ！

個人的にはこのエピソードから、実家の自室に昔からある、白いタンスのことを思い出しましたね。僕が生まれたタイミングで買ったのでしょう、把手《とって》のところに、かわいらしく擬人化されたお花のイラストがプリントされているのですが……思春期真っ盛りの僕には、それが腹立たしくて。「こっちは日々、どうやったら雑誌のインテリア特集に出てくるようなイケてる部屋に近づけられるか（そしていつかそこにガールフレンドなどを連れ込めるか）に頭を悩ませて

いるというのに……このタンスがここにある限り、そんなん絶対無理だろが～っ！」。

実際、母親に直接抗議したこともあるんですよ。「なんでこんな、大きくなったらすぐ使えなくなるようなファンシーなの選んじゃったんだよ？　タンスだよ!?」。それに母は、ちょっとだけしょんぼりした口調で、こう答えたのでした。「大きくならないと思ってたのよ……」。さすがに、それ以上強い調子では追及できなくなってしまいましたが。

ということでメガネゴリラさんのお母さまもきっと、我が子は永久に「大きくならない」という感覚のまま、こちらにとっては致命傷と言う他ないプラス・ワン・モアをつけ加えてしまったのでしょう。ひょっとすると、あらゆる母親というものは、息子をむざむざ世の中という戦場に送り出すのを無意識に恐れるあまり、「いつまでも赤ちゃんだと思っていたい」という願望を、ときについ、こうしたかたちで具現化させてしまうのかもしれません。サッカーなんか、まさに「戦いの場」そのものなんだから、どう考えてもゾウさんキリンさんはおかしいだろ！……そんな正常な判断が働かないほどに、母の愛というのは業が深いのです。

野良犬とペル

野良ハムスター（千葉県／男性／20代）

私が小学二年生の頃、下校途中で近所に生息していた野良犬に追いかけられたことがありました。あまりの恐ろしさに、その場で転んでしまい、膝からは血を流し、ギャン泣きし、猛ダッシュでなんとか自宅に到着。そのあまりの様相を見た母親が、「怖かったねぇ～もう大丈夫だよ～」と優しく抱きしめてくれたことは今でも忘れません。

しかし、その日から不思議な出来事が起こるようになったのです。

いつものように小学校の仲良しグループ（私含め男女三人グループ）の女の子（あきちゃん）の家に遊びに行く約束をすると、その約束だけがなくなってしまうのです。当時、私はあきちゃんに恋をしていたため、あきちゃんに嫌われてしまったのかと、悩んでいたのですが、学校にいるとき、男の子（だいくん）の家に遊びに行くとき、みんなで外に遊びに行くときなどは、これまで通りあきちゃんは私に接してくれます。なぜ、私だけを家に上げてくれないのかと、悩みに悩み、勇気を振り絞ってあきちゃんにその理由を聞いてみると衝撃的な事実が……。

あきちゃん「野良ハムスターくんのおばちゃんから、野良ハムスターくんは犬が苦手だから、私の家のペルには会わせないでほしいって言われたんだもん」

ペルとはあきちゃんが飼っている犬で、犬種はチワワ。そう。うちの母は私が野良犬に追われたことで、大の犬嫌いになったと思い、あきちゃん家からの招待にNGを出していたのです！

もうババァ！　犬は犬でも愛しのあきちゃん家のペルは別腹だろうがっっ！

私を追いかけた野良犬は、同じ背丈はあろうかという薄汚れた雑種、かたやあきちゃん家のペルは膝下サイズの天使のようなチワワ。怖いわけあるかぁぁぁぁ！

その後は自ら誤解を解き、あきちゃん家からの招待も無事再開し、元の関係へと戻ったのです。

今でも出張で地方に行き、野良犬を見かけると、ふとこのエピソードとともに、我が母のかつての過剰な愛を思い出すのです。

小二で野良犬に追われるって、けっこう本気の恐怖体験には違いないですよね。それにしても……。

なんでもかんでも先回りしてあらかじめ危険要素を排除し、本人がそれと気づかないレベルでソフトかつ完全な管理体制を確立するという、これぞまさに母が支配するディストピア、母シズ・ムの典型例！

しかしこれ、小学校の低学年ですからまだ風評被害も広がらずに済んで良かったですけど、中学や高校、それも男子校などでやられた日にゃ、マジで死活問題ですよ。「実は母親に過剰に守られている」って、年頃の男の子にとって、これ以上屈辱的な見られ方はないのですから……「ババァ！　これからオレ、ムショのなかで生きていけねぇだろうがーっ！」、そんな声にならない叫びを発している十代男子たち、今もそこらじゅうにいるのでしょうね。

オカンのツボ

兵庫太郎（兵庫県／男性／30歳）

若い頃に痴漢に遭ったことを自慢気に語るウチのオカンの話です。

昔、家族で神社に初詣に行ったときのこと。元日の午前〇時半頃で、参拝客はほとんどいなくて、神社は閑散としていました。その神社では、ただでお酒を飲ませてもらえるのですが、オカンが神主さんから手渡されたおちょこの酒をグイッと飲んだその瞬間、勢いよくブワーッと噴き出したのです。何事かと思って一同オカンに注目。激しく咳き込みながら「変なところに入った」と言い訳するオカン。そして恥ずかしさのあまり、爆笑しだしたのです。神主さんも巫女さんも誰も笑っていませんでしたが、オカンはツボに入ったらしく、大爆笑しながら神主さんに「雑巾をください」と言い、自分が噴き出した酒を拭き取っていました。

その後、神主さんに謝ってその場を離れてもなお爆笑を続けていました。真夜中の神社に響き渡るオカンの笑い声。

ババァ、いつまでも笑ってんじゃねぇよ！　なんで新年早々、こんな恥ずかしい思いをしないといけないんだよ！

昔の話ですが、このときの大惨事は今でも忘れられません。

静かで、おごそかな、年越しの神社に、母親のバカ笑いが孤独に響く。その年はもう、ロクなことが起こる気がしませんね。

親にとって自分の子供がいくつになっても赤子同然であるように、子供にとって親とは、いつまでも「頼れる、ちゃんとした大人」の象徴であってほしい存在と言えるでしょう。しかし、こちらも長じるにしたがって、当然のごとく、親の人間的側面、もっと言えばダメな面なども見えてくるようになる。それを受け入れることこそが「大人になる」ということでもあるのでしょうが……。このケースの場合、酒を噴き出すという失態そのものや、照れ隠しの爆笑が止まらなくなってしまうということの恥ずかしさ以上に、神主さんという「他の大人に謝っている親の姿」というのが、より一層のいたたまれなさを際立たせているのではないかと思います。

でもなんか……かわいいお母さんでもありますよね。

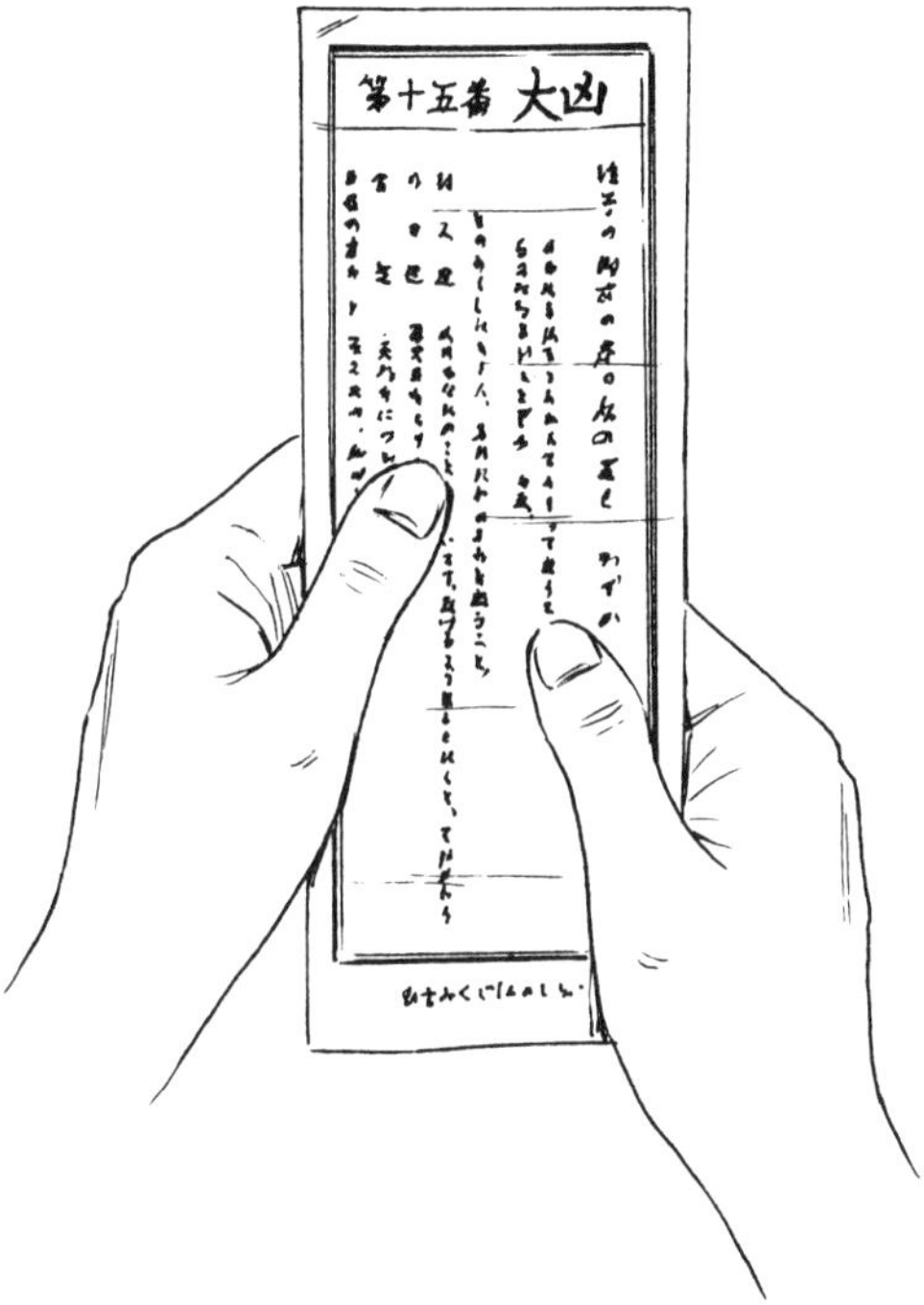
第十五番　大凶

B-BOYイズム

ににーぼん（徳島県／男性／18歳）

私と母はライムスターのファンです。どれくらいファンかというと、シングル、アルバムともにコンプリートしていて、ライブにも何回か足を運んでいるほどです。

そんな母の妹の結婚式が先日市内のホテルでありました。当然私も出席していましたが、叔母の結婚にあまり興味がなかったので、ホテルの女性従業員のお尻ばっかり見ていました。そして結婚式の一連の流れが終わり、一段落したところ、酒に酔った母がいきなり「あんたみんなにラップ聴かしてやれ！　みんなうちの息子がラップするよ！」と叫びだしたのです。それにつられて周りの親戚や招待客どもも「やったれ！やったれ！」などノリノリ。するとさっきのお尻の形のいい従業員がマイクを持ってきたので、もうどうにでもなれという気持ちで、二百人の前で「B-BOYイズム」をアカペラで披露しました。

が緊張のあまり歌詞は飛び飛び、途中詰まるやらでとても上出来とは言えないものでした。ただ周りは拍手喝采。母も酒を片手に「よっ、かっこいい！」と拍手。もぉ！　こういうことは前々から言っとけよおい！　練習とかしておいたら、もっとかっこよくできたのに！　酒の勢いで言うんじゃねーよぉ！　終わったあとはなんだか複雑な気分でした。

ちなみに母のお気に入りのアルバムは「リスペクト」らしいです。

僕らもキャリアが相当長いですから、今やこんなふうに、親子二代でファン、というようなご家族も嬉しいことにちょいちょいいらっしゃったりする。ありがたい話でございます。

ま、とりあえずその場にいた皆さんからは拍手喝采がもらえるくらいにはイケてる感じでラップできたんだから、良かったんじゃないですか？　しかもアカペラで！　大したもんですよ。「叔母の結婚にあまり興味がなかったので」ってあたりも味わい深いですよね。ににーぼんさん自身もまた雑なノリで列席している一人であり、まさにそれが許される点にこそ、こうした祝いの場というもの特有の良さがあるのではないかな、とはちょっと思います。

いずれにせよ、お近くで我々がライブする際には、またぜひお母さまとご一緒にどうぞ！

雪だるまみたいなの

ぴょん（埼玉県／女性／20代）

つい、二週間ほど前のことです。私は現在実家暮らしで、母とは友達のように仲が良く、一緒に買い物に行くこともしばしばです。

ある夜、私は、友人との飲み会で帰りが遅くなり、家につくのが日付も変わる頃になってしまいました。帰ってみると、灯りはついているのですが、母がどこにもいません。まさか！　と思って自分の部屋へ行くと、私のベッドで爆睡する母。毎日朝から晩まで働いて疲れている母にはたまーにあることだったので、無理に起こしちゃ悪いか、と思い、母の横に自分の体をねじ込んで寝ることにしました。

朝方、目を覚まし、勝手に枕にしていた私のクッションを体の前に抱きかかえ、「ごめんなチャイ★　おはょぅ★」と五十過ぎてブリっ子かますババァ。対して半分夢のなかの私は眠いながらも「おはよ、うん」と言いました。

しかし、遠い意識のなかで気がついたのです。母が今、胸に抱いているクッションは、最近私が友人にプレゼントしてもらった女性用セルフプレジャー・アイテム、「iroha」を隠すために置いたものであったことに。朝方の暗い部屋のなか、ぼんやりと白く光る剥き出しの iroha。絶対母に見えてる……！　母が iroha をなんなのか認識してはいないだろうが、聞かれるのは大変に厳しい。TENGA社はオブジェとして部屋に飾れる！　とか言ってたけど、枕元に置いてあったら完全にアウト。寝返りで隠したいけど、そんなアクロバティックな寝返りは不自然ではないかなどなど。寝ぼけた頭のフル回転じゃ対処しきれない事態。もしかして、夢……？

しかしついに「何その雪だるまみたいなの？」と、尋ねる母。

わかってたけど全然夢じゃない。私の体を揺する母。なんも言えねぇ私。

「ねーねーぴょんちゃん！　何その雪だるま！」

体を強く揺する母。恥ずかしいし、腰痛いし、何より心が痛い。実際、眠気どころじゃないけど、精一杯の演技で「まだ寝たいから……」と怒りっぽい声で告げ、布団を頭まで、そして iroha まで隠れるように被りました。しかし、そこで剥き出しになる私の足。「ごめんね★　足冷たくなっちゃうょ★」と言って、布団を元の位置へと直す母。再び剥き出しになる iroha。

空回る優しさの応酬に耐え切れず、「いいよ……ス～～ス～～」渾身の寝息の演技で、なんとか母の追及を逃れました。
不自然を塗り重ねた自分。未だに心が痛いです。
ババア、自分の布団で寝ろよ！

ご存じない方は、インターネットで「iroha」と検索してみてください。いわゆる「ローター」の一種ですが、ぴょんさんがお持ちの雪だるま型のもの含め、どの種類も実にファンシーなデザインで、知らずに見たら、アダルトグッズとはまず気づかない人も多いのではないでしょうか。

しかし、そこにこそぴょんさんの慢心があったのかもしれません。いくら見た目がかわいいからって、用途不明には違いない（しかもどうやら電動ではあるっぽい）オブジェが枕元に転がっているのだから、疑いの目が注がれる理由としては十二分。実家暮らしでそれは、いかにも不用心というものでしょう。

実際お母さんも、これだけしつこく聞いてくるということは、その雪だるま状のものが、ぴょんさんにとってなんらかのやましさを伴う「何か」であろうということは重々察知してのことだろうから……って言うかそれ、事実上バレてるも同然だろ！　いっそ同性というところで居直って、「あーこれ！　いわゆるセルフプレジャー・アイテムだよ！　なんなら使いますか？　丸洗いできるし！」などと、ヤケクソの反撃に転じるしかなかったのかもしれませんね。

ジャージとファスナー

ブイＮＷＳＤ（東京都／男性／34歳）

みなさんにも友達内、クラス内、学年内だけで通用する、たわいない流行りモノというものがかつてあったんじゃないでしょうか。私の学校では、全員共通のジャージが日常の基本スタイル。二十五年前の田舎町の学校のジャージのデザインなんて、上下ネイビーでサイドに縦に二本白いラインが入った、ダサダサのものでしたが、全員が同じ格好で過ごしているのでダサいも何もなかったわけです。

小学四年生のある日、おしゃれに敏感なクラスのファッションリーダー的存在のＡ君がジャージの裾（ジーパンでいう赤耳部分）にファスナーをぬいつけ、開閉ができるパンツスタイルを考案。「何それ！　超カッコいいじゃん！」と瞬く間にクラス内どころか学年中の敏感な男子たちに注目を浴び、みんなマネをしだしたのです。

流行りに乗り遅れまいと、友達はみんな近所の裁縫道具を扱う店へ。しかし私は弟を連れ、わざわざ電車に乗り池袋まで行き、今はなきキンカ堂で、よりイケてるファスナーを探し求めたのでした。友達が誰もつけていないような赤いファスナーをゲットした私は、明日学校中の生徒から私のジャージに注がれる視線を妄想しながら興奮気味に帰宅。

私「お母さん、このファスナー二本、A君みたいにジャージのズボンにぬっといてくれない？　お願い！」

母「はいよ。でも変なことするねー」

私「いいんだよ。それがカッコイイんだよ！」

翌朝、居間のテーブルに置かれたジャージを手提げ袋に入れた私は、クラスに到着するなり、A君や友達を集め、イケてるジャージをお披露目しようと広げた瞬間……。裾についてるはずのファスナーが、なんと股間の前と後ろに縦に一本ずつついていたのです……まるで「トイレで小と大の用たし便利手作りパンツ」みたいに……上下ネイビーに股間だけ前後に赤いファスナー二本……派手な色がむしろそのダサさをきわだたせている……前はまだしも、ケツのファスナーはどう使うんだよ……。

クラスは爆笑と失笑に包まれ、放課後無言で帰宅した私は、母の「おかえりー」もシカトし部屋に閉じこもり、しばらく口にファスナー状態が続いたのでした……。

ババァ、ケツチャックの使い方教えろやー！

そもそも、学校指定の体操着ズボンの裾に勝手にファスナーを付けるってアレンジが「超カッコいい」とされてしまうということ自体、冷静に考えるとかなりキテる状態なわけですけど……。

まず間違いないのは、ブイＮＷＳＤさんも、図に描くなどしてちゃんと意図を説明しなかったのは悪い。あと、せっかくのお母さんの夜なべ仕事を、仕上がりもロクに確認しないまま学校へ持っていってしまったのも、失礼なうえに、迂闊きわまりない。お母さんだってきっとショックですよ。言われた通り、良かれと思ってやってあげたことで、逆に息子さんからムクれられてしまったんですから。

ただ、お母さんはお母さんで、ブイＮＷＳＤさんも訴える通り、「これはさすがにないだろ」とは思わなかったのか……。特にやはり、ケツ側ファスナーの用途はいったいなんだと言うのか？　両側にグッと、思いっきり開けば、なんとか用を足せないことも……って、その下にパンツ履いてるんだから結局絶対無理だよ！

あえて言うなら、あまりにハイファッションすぎて常人には着こなせないし理解もできない超上級者向けアイテム、的なものに、思えてこなくも、ないかも！

顔がアレだから

アヒル太郎（埼玉県／女性／28歳）

私が二十歳のときのことです。成人式の振袖のレンタルをするため、母と一緒に試着に行きました。

私は普段から青や緑など寒色系の服を好んで着ているので、振袖も寒色系にしようと思っていました。しかし、レンタル屋さんのおばさんが、

「ピンクや赤は若いうちしか着られないから試着だけでもしてみたほうがいいですよ」

と言うので、試しにピンクを着てみることにしました。

ピンクの振袖を着るなり、

母「あぁ、やっぱり顔がアレだから全体的にぼんやりしちゃいますね〜。顔がアレだから」

店の人「そんなことないですよ。かわいらしくて、とても似合ってると思いますよ」

母「本当ですか？　この顔で？」

ババァ！　さっきから顔、顔ってうるせぇよ！　顔がアレってなんだよ！　お前の子供だからな！　お前の遺伝子入ってるからな！　さらに続けて、「こけし体型だから振袖自体は似合うのかな」って言ったけど、それ全然ほめてないから！　くびれが無くて悪かったな！　どうせ私は着物が似合う寸胴ですよ！

その後も何着か試着して、最終的には、赤から黒にグラデーションで色が変わっている、この顔でもぼんやりせず締まって見える振袖に決めました。

誰にであれテメエの顔がまずいことなんかいちいち指摘されたかないのに、よりによって「製造元」がそれ言うか！　という。「アンタらのせいだろ！」ってことだもんね。

まぁ、親も人間なので、自分の子供のルックスをつい冷静にジャッジしてしまうときだって、そりゃあるんでしょうけども……できればネガティブな結論は、金輪際本人の耳には入れてほしくないものです。

あと、アヒル太郎さんのお母さまの場合、同性ならではの気安さという部分も大きそうですよね。友達同士の歯に衣着せぬ物言いに近いというか、これはこれで、なんだかんだ仲良さそうでいいなって感じもする。

それにしても、「こけし体型」って……いくらなんでも、ぶしつけすぎますよ！

ブラジャーが欲しい

かえるキノコ（神奈川県／女性）

二十年前、私が中学三年生のとき。クラスメイトの女子はみんな身体が大人になりつつある成長期真っ只中。全員がブラジャーという女子グッズを使っており、体操着から透けるブラ線に男子がコソコソとどよめいている空気はたしかに感じていた。他の人より身体の成長が遅かった私は膨らみもなかったゆえ、ブラジャーなる大人の武装は必要がなく、また所持もしていなかった。正直羨ましかった。

修学旅行が近づいてきたある日、母と修学旅行用のおやつと下着を買いに行くことになり、思い切ってブラジャーが欲しいと小さな声で言ってみた。

すると母は「何？　ブラジャー？　欲しいの？　ブラジャーが？」となぜか怒り気味に、何度も執拗に聞き返してくる。その聞き方には悪意しか感じられなかった。

一緒に行ったイトーヨーカドーの下着売り場で、母は「アンダーはいくつなの？」「何カップ？」とまた怒り気味の口調、しかも大声で言い放つ。「知らないよ」「わからないよ」と小声で返す私の服の上からブラジャーをつける母。試着室ではなく売り場のど真ん中で。恥ずかしさで脱力、そして思考回路が停止状態で無抵抗になった私はいてもたってもいられなくなり、「サイズとかデザインとかもうなんでもいい……とにかくこの場から早く離れたい……」と意気消沈。「このサイズでいいの？　ねぇ？聞いてる？」と怒り気味の悪魔の質問は続いた。もうどうやって家に帰ったか覚えていません。

ババァ！　娘の成長も喜ばず恥と不快感だけをぶつけてきてんじゃねーよー！

母、から娘への母シズム攻撃って、息子へのそれとはまた違った、同性ならではの気安さ、ゆえの無遠慮さ、みたいなものが特徴としてある気がします。短い距離から核心にスパーンと切り込んでくる感じ、というか。

それこそ「ブラジャーを買う」ことへの思春期女子の淡い羞恥心など、なまじ同性なぶん、「何も恥ずかしがることないでしょ」という決めつけでばっさり切り捨てることに、より躊躇がないんじゃないでしょうか。

それにしても、怒気を含んだ大声を響かせつつ「試着室ではなく売り場のど真ん中で」「服の上から」ブラをあてがってくるって、いくらなんでも母シズムの横暴、目にあまるものがあります。そこに同級生男子などたまたま通りかかったりしなくて、本当に良かったですね……。

ワクチン

ユーオキ（沖縄県／男性／25歳）

数年前、僕が大学進学のため県外で一人暮らしを始めたため、一人実家に残された母のことを考えて、兄があげた中型犬（パグのマルフォイ）にまつわるお話です。

はじめは、顔面が潰れたパグのような犬をあまりかわいく思っていなかった母ですが、パグ特有の愛嬌ある仕草や人懐っこい性格に徐々に惹かれ、今ではすっかり我が家の中心的存在になっています。

マルフォイが三歳を目前にひかえた頃に、蚊が媒介する「フィラリア」症の予防接種を受けるよう通知が来ました。そのとき、母は何の屈託もなく私と兄に向かってこう言ったのです。

「マルフォイが受ける、ほら、フェラリアの手紙来てるよ、フェラリア」

男兄弟の僕らはそのセリフを聞いて一瞬、魔法にかけられたかのように身動きが取れませんでした。

「フェラリアの注射打つんでしょ、お母さん行けないから誰か代わりにフェラリア打ってきてあげて」

ババァ！　フィラリア！　フィラリア！　フィラリア！　お願いだからもう間違えないでくれ！

後日、しっかりと予防接種を受けた愛犬マルフォイは今でも家族の中心的存在です。

歳をとってくると全般に、新しく見聞きした固有名詞や単語を超テキトーに扱いがち、ってていうのはありますよね。僕も昔は、年配の人と「あれだホラ、ブランド・ピット」「ブラッド・ピット！」なんてやりとりをするたびに、「なんでちゃんと覚えようとしないの？」と内心いちいちイラッときてたものですが、三十代も半ばを越えたあたりからアラ不思議、自分が似たようなこと言ってる側になっちゃった。役者の名前とか、覚えらんなくてねぇ……なんとなーくの感じで、「ほらほら、あれだよあれ、フェラなんとか、みたいの、いるじゃんとにかく！で、そのフェラがさ……」とか、雑な話の進め方をついしてしまう。
　これ、単純に脳の機能的な衰えっていうのももちろんあるんでしょうけど、「そういう細かいことはもう、どうでもいいんじゃない？」というような、半ば確信的なルーズさでもある気がします。いまどきはネットですぐ調べもつきますしね。「役者の名前、これからもう全部フェラでいいよ！」、そのくらいの気構えで老いてゆきたいものだと考えております。

First Blood

ドブ川帰還兵（長崎県／男性／32歳）

小学二、三年生の頃、海にほど近い田舎町に住んでいた私は、仲良しグループの友達数人と家の近所で遊んでいました。調子にのっていたら、二メートルくらいの高さから、足を滑らせドブ川に落っこちて、足と腕を強打してしまいました。猛烈な痛みで起き上がれない私。幸い大きな怪我は無かったものの、泣きそうでした。しかし、痛みよりも、当時仲良しグループのなかで、リーダー的ポジションだった私は、ドブにまみれた自分が恥ずかしくてたまらなくなり、涙をこらえ、すぐさま着替えるために足を引きずり家へ戻りました。

ただいま〜と、玄関に入り、私の姿を見て驚く母にいきさつを説明しました。服を汚して怒られるのかと思ったら、優しく慰めてくれる母。ひと安心した私は、「外で友達待たせてるから、サクッと着替えてまた遊びに行ってくるね〜」と、玄関を上がろうとしました。すると「ダメダメダメダメダメー！」とすごい剣幕でドブまみれの私を止める母。

そのまま、外に連れ出された私は、母に汚れた服を一枚一枚脱がされていきました。

「ちょっと待ってお母さん……」

家から少し離れた場所で、友達が待っている姿が見えました。勢いが止まらない母は、ついに私を丸裸にして、外の水道まで連れて行き、ホースで犬のように私を洗いだしました。外でフルチンにされ、母からの放水を受ける私。そしてそれを茫然と見つめる友達。『ランボー』シリーズの第一作の序盤、保安官に捕まり、高圧の放水シャワーを浴びせられるスタローンのように私は叫びました。

「やめろーー！」

学校ではプールの着替えのときも、腰にタオルを巻いて、絶対チンコ死守だった私は、この上ない羞恥プレイを受け、心をズタズタの血まみれにされてしまいました。

これが私が母から受けた、人生最初の心の流血事件、〝First Blood〟です。

ババァ！　男の子のチンコは見た目はかわいくても、羞恥心はズル剝けの大人なんだから、外で裸にするんじゃねーよ！

『First Blood』っていうのは『ランボー』一作目の原題で、「どっちが先に手を出したか」って意味。ドブ川帰還兵さんもきっと、このあと思春期が終焉を迎えるまで、ランボーばりの泥沼の戦いを続けられたのではないでしょうか。

まぁ、ドブまみれのまま出かけせさせるのも、かと言ってそのまま家に上げて室内を汚してしまうのも、どちらも避けたいと考えたがゆえの実利的判断、というのは理解できなくもないですが……問答無用で全裸にして放水って、犬じゃないんだから！　せめて、何をしようとしてるのか、その理由も込みで、ちゃんと言葉にしてくれよ！　それで納得したうえでなら、友達を先に行かせるなりなんなり、手の打ちようもあったのに……子と母という、異文化同士のディス・コミュニケーションが生んだ悲劇。もう二度と繰り返されてはなりません（おおげさ）。

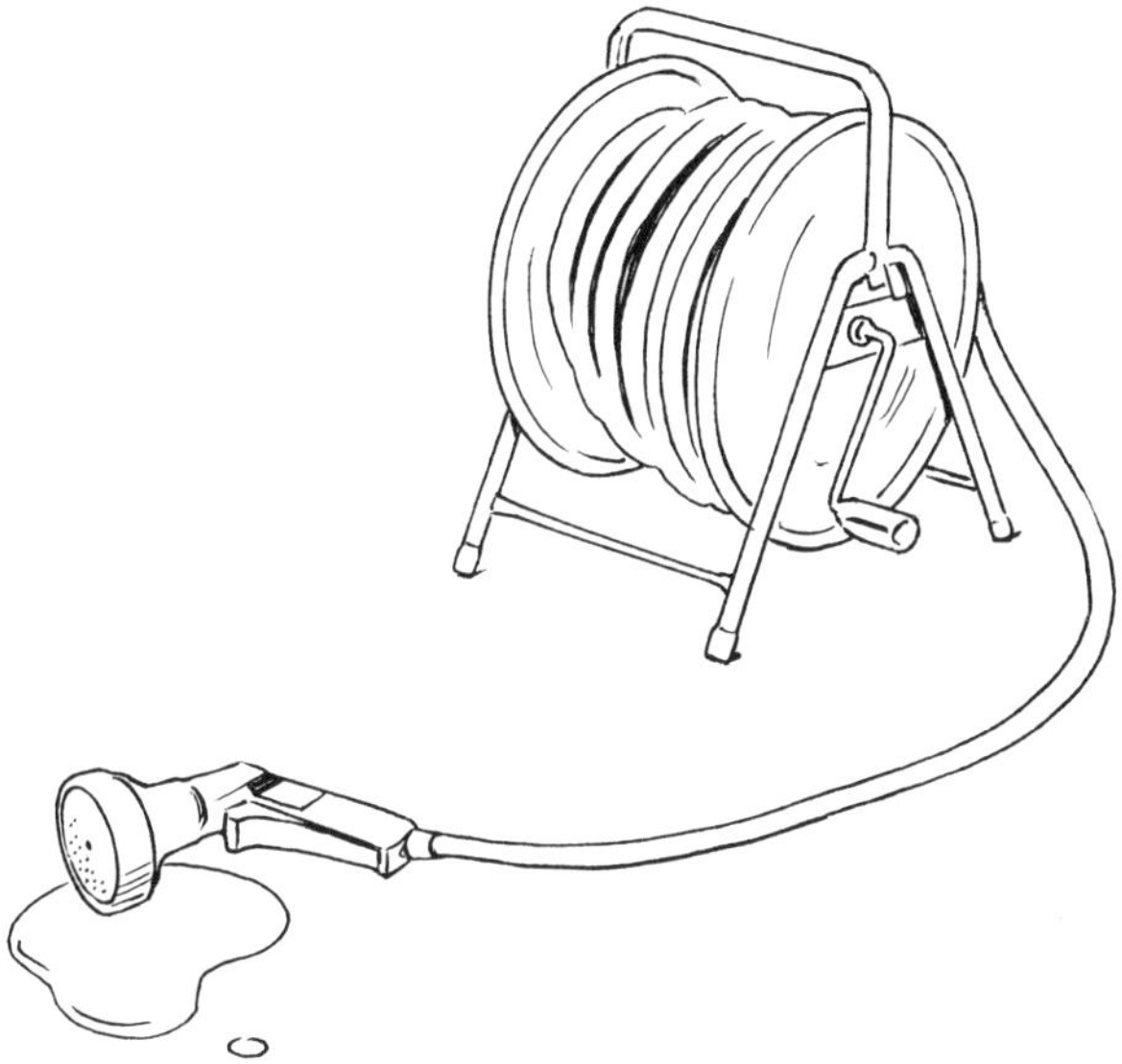

早口な映画

ビールクズ（千葉県／女性／30歳）

私の実家はWOWOWの契約をしていて、家族おのおのが観たい映画を録画しておのおので観ています。当然観たい映画がかぶることもあるのですが、母と私が共通して観たかった『はじまりのうた』をある休日に一緒に観ることになりました。

母が再生し、私は本編がはじまる前にコーヒーを淹れていました。やがて映画が始まると、妙に早口。うん？　と思っていると、妙に早いカメラワーク。え、これそんな感じなの？　と不思議に思い、母に、

「なんかやけに早いね〜」

と言うと、

「そうね、二倍速にしてるからね〜」とかえってきました。

二倍速、とは？　呆然としていると、

「二倍速にするとさ、半分で済むじゃない？　時短時短！」

としたり顔。本人としては最強のライフハックとして自負する技なのでしょう……。友人や他人であれば即座にひっぱたいているところですが、母シズム政権下に育つ私は何も言えず、即座に諦めて後日こっそり見直すことにしたのでした。

ババァ！　別の何かを時短しろやぁぁあ！

よりによって『はじまりのうた』ですよ。歌の場面が重要な映画なのに！　キーラ・ナイトレイ自身が歌ってて、曲もいいし、そうやってアルバムを作っていくプロセスがそのまま主人公たちの再生にもつながっていくって話ですからね。二倍速とかしちゃ一番ダメなヤツだよ！

このお母さま、退屈な場面を飛ばす、とかでもないんだもんね。二倍速で見通すの前提。映画って、そこまであわてて観るものでしょうか……プロの映画ライターさんのなかには、その手の時短テクニックを使ってサンプルＤＶＤとかを「消化」してく方もいらっしゃるようだけども、それは仕事で仕方なくだから！

でも、「独自の工夫でちょっと得した」感覚に無邪気にも得意げなお母さんは、やっぱり、少しだけかわいいですけどね。

ノックはしてくれてありがとう

トムトム（京都府／男性）

あれは中二の冬、授業中から体調の悪かった僕は家に帰ると食事もとらず二階の自分の部屋に行きました。うちは両親が共働きで夜遅くでないと帰ってこずそれまでは小六の妹と家に二人きりでした。体温を測ると三十八度五分、ひどい頭痛と鼻水が止まらず「お母さんが早く帰ってこないかな」と鼻をかんではティッシュをゴミ箱に放っていました。

少しうとうとしていたときに誰かが部屋の扉を開けたような気配を感じましたが気にせず眠っていました。そうしてしばらくすると家のドアが開く音と「ただいまー」と母親の声。当時は中二の絶賛反抗期中の僕でしたがそのときは「おかあさーん、りんご剝いて〜、お粥食べた〜い」と完全に甘えモードに移行していました。

しかしそんな僕の耳に信じられない妹の言葉が。

「お母さん、お兄ちゃんが部屋で一人エッチしてる」

フリーズする僕。周りを見渡すとゴミ箱を外れたティッシュがいくつも転がっており暗い部屋でハァハァ言っている僕。一人エッチをしたことがないと言えば嘘になる、しかしそれは今じゃない。あまりのことに動けない僕に下から母の声。

「おにいちゃーん、お母さん帰ってきたわよ」

一段階段を上る音。

「今から部屋に行くわよー」

一段階段を上る音。

「もうすぐ扉の前でーす」

一段階段を上る音。

濡れ衣を着せられた恥辱と小六の妹が一人エッチなんていう言葉を知っていた驚き、高熱によるしんどさ、母親の雑なロスタイムの取り方への怒りが僕のなかでぐるぐるとまわり、なぜか涙が止まりませんでした。

ババァ、ノックはしてくれてありがとう。でもそのノックで僕の心の扉はボロボロだよ!

これは、母シズムである以上にまず、兄弟姉妹問題ですよね。僕は一人っ子なので経験がないのですが、兄と姉のいる番組構成作家・古川耕さんによれば、主に下の子が、その言葉の罪深さを本当にはわかっておらず、ただただ日頃抑えつけられている鬱憤を晴らしたいだけで、親の前であえて、上の子が困るに違いない禁断のワードを言いたがったりしがちだとのこと。トムトムさんの場合も、妹さんは、「一人エッチ」とは「エッチな写真を見てハァハァ言うこと」、くらいに思ってた可能性もありますよね。

　それにしても辛いのは、この件に関しては冤罪だが、100%イノセントというわけでもない、そういうことをやっているときもたしかにあるけども！　ということですよね。そもそも、お母さんに「一人エッチ中」と疑われ、あまつさえそこに気まで遣われている時点でもう、ダメージ的には普通にバレたのと大して変わらないよ！　そのうえトムトムさんは、このときばかりは思春期の「ババァ」モードから抜け、完全に幼児的な甘え態勢に入ろうとしていたのですから……最も無防備な精神状態のときを狙い澄ましたかのように、思わぬ角度から容赦なさすぎる攻撃を放ってきた妹さんのアサシン（暗殺者）としてのセンス、末恐ろしいものがあります。

こんな本じゃ……

jpdk（東京都／男性）

母がデンマーク人のため、私のバイト先のあだ名はデンマです。そんな私が母から悪意なき屈辱を受けたのは中学生の頃でした。

当時、友人が私の家に遊びにくるといえばエロ本を読むためというくらい友人の中ではエロ本の所有数が群を抜いていました。普段は家族が誰もいないのを見計らってみんなで読んでいたのですが、その日は母がいました。日も沈み、みんなが帰り支度をするなか、私はせっせとエロ本を所定の場所に隠し、友人を見送りました。

ところが、部屋に戻ると、どうやって見つけたのか、母がエロ本を片手に仁王立ち。バレた恥ずかしさで何も言えない私。すると開口一番母親は、

「なんなのこの本？　こんな本読んで本番に臨むつもり？　そんなんじゃ女の子を失望させるだけよ」

何言ってんだと思いましたが黙って聞いていると、前戯は相手の様子を窺ってしろ、

自分優先で事を進めるな、男は大きさよりも硬さ、ゴムを着けないのは人として最低等々と言われました。終いには父親がベッドの上でいかに完璧かまで言いだす始末。

ババァ！　自らの性体験を赤裸々に話すんじゃねえ！

その後、童貞を卒業し、大学四年にもなりさまざまな体験を経て、母の言ってる意味がわかりましたが、こういうことを母の口からは聞きたくなかったです。

僕より年上の男性であれば、主にスウェーデンということでしょうけど、北欧と言えば何はさておき、「性的に進んでいる」イメージが強かった時代をご記憶されている方も多いのではないかと思います。なので、デンマーク人のお母さまであれば、日本の常識では考えられないほど性教育にオープンだったとしても、まぁとりあえず不思議ではない気もする。

それに、ポルノのなかの性表現を真に受けてしまい、生身の女性にそれを適用しようとしてドン引きされる愚かな青年たちというのも、特にいまどきは少なくなかろうと思われます。その意味でも、セックスとは要するにコミュニケーションなのだという本質論や、避妊の大切さなど、確かになかなか有意義なことを言ってくれてはいるんですよね。jpdkさんもおっしゃっている通り、できれば母親とはしたくない話ですけど……。

それに、「大きさよりも硬さ」だの、お父さまの床上手っぷりだのは、どちらかと言うとお母さま自身の性的嗜好にまつわる話ですからね。息子としては、一番聞きたくない類の話題だよ！

それとも、やはりデンマークあたりでは、こんな親子の会話もわりと普通なのでしょうか……？

その踏み台って？

ムーちゃん（東京都／男性／33歳）

事件は約半年前、カミサンが出産し、私の実家に家族で居候したとき起こりました。実家では子供が落ちないように階段の前に高い柵を作っており、それを越えるには踏み台が必要なのですが、何を思ったのか、マイマザーは私の使い古しのEROBOOKをどこからか調達し、踏み台にしているというのです。皆様よくご存じのいわゆるかなり分厚い、月刊のEROCOMIC雑誌です。しかもそのことをよりにもよってカミサンから「あの踏み台、私、気づいたんだけど、エロ本だよね？」と指摘されるというC－H－I－J－O－K－U。母はちょうどいい厚さの本があったという感じでなんの躊躇もなく裏表紙のメンズクリニックの包茎手術広告を踏んでいきます。

カミサンと母から同時に辱めを受け、即座に踏み台を「コ◯コ◯コミック」に交換したのはいうまでもありません。

BBA、三十三歳にもなって足で踏まれて俺の心はぺしゃんこだよ！

「ババァ、ノック」案件に年齢など関係ない！　という典型例。

このケースの場合、そのEROCOMIC雑誌は実家に置きっ放しだったもの、ということでしょうから、お母さまにとってそれはすでに、単に「当たり前のようにそこにあるもの」と化していた可能性もあります。EROBOOK本来の意味合いがほぼ失われていたからこそ、純粋に物体として「厚みがちょうどいい」という一点をもって、踏み台用にチョイスされたのではないでしょうか？　ただし、「裏向きにして使っていた」というあたりに一応の配慮も感じられなくはない、というのがまた、微妙な居心地の悪さを残しますが……。

いずれにせよ、実家を出て自立する際には思いきった身辺整理をしておかないと、いつかこのような不測の事態を招きかねないという、貴重な教訓を与えてくれるエピソードです。

卒業文集にて

住まいが違います（岩手県／男性／48歳）

二児の父である私には、今なお続く呪いにも似た、母シズム案件があります。

それは私が中学校に入学したてのある日のことです。同じ小学校出身のJ子がニヤニヤしながら話しかけてきました。

「住まい、ってさあ、マザコンなんだね」

こいつ何を根拠にいきなり何を言ってるの？　正直大混乱です。

「何？　一体どういうこと？」

問いただすと、そこには恐ろしい母シズムの真実が。

「小学校の卒業文集に書いてあったじゃん。住まいのお母さんが〝最近、住まいがやたら触ってくる〟って」

と、どこまでもニヤけ顔。

種明かしされ一層パニックにおちいる私。そもそも小学校の卒業文集に親のコーナーがあることすら知らず、にわかにはJ子の言うことは信じられません。

急いで帰宅し慌てて卒業文集を引っ張り出して、親コーナーを読むと、そこにはこんな一文が。

「住まい君は最近よくお母さんの肩モミをやってくれますね。小学校も高学年になり、女性の体に興味が出てきたのですね。女性に触れたい年頃になったことを……」

何？　何を書いている？　何を何に書いている!?

恥ずかしさ、怒り、哀しみ、受け身の取れないもどかしさ。J子のみならず同じ小学校出身者及びそのご家庭の皆様に読まれているんだ……。しばらくは母親に反抗的になり、スタートしたばかりの中学校生活は楽しくないものになったことは言うまでもありません。

これは本当にひどい！　歴代の母シズム事件簿のなかでも、一、二を争う悪質さではないでしょうか。
まず、肩モミなんていう、本来は純粋な親孝行として称えられるべき行為を、的外れな思い込みで性の目覚め的なものと勝手に受けとめているというだけで、もう十分腹立たしい一件だというのに……。
まぁ、お母さん的には正直ちょっと、嬉しかったのかもしれないですけどね。息子の成長も、自分の性的魅力が現役第一線級であることも……ってだから、そういう意味じゃないから！

しかもその勘違い、そっと胸の奥にしまっておけば良かったものを、事もあろうに卒業文集という、これ以上ないほどの公の場で自慢げに開帳してしまうとは……いったい誰が想像し得たでしょうか？「住まい＝マザコン」といういわれなき図式が、同級生全員の胸に、半永久的に刻まれてしまったことは間違いありません。

「何？何を書いている？何を何に書いている!?」。悪夢が現実となった瞬間というものを、これほど鮮烈に切り取った一文もないでしょう。

ハッピーティッシュ

有栖川オトメティカ（秋田県／男性）

コーナーが始まって三ヶ月あまり。ふだんはミニ・コーナーですが、時間を拡大したスペシャル版「春のババァ、ノック祭り」として、二〇一六年四月二十三日に放送されました。その日からの一本。この日はコーナーの発案者である、番組アドバイザー・妹尾匡夫《まさお》、通称「せのちん」も、宇多丸とともに出演しました。

先日大学を六年かけて卒業し、院浪という名の引きこもり生活を送るべく、故郷秋田に帰ってきた私の、とあるきっかけによって思い出した屈辱、裏切り、悪夢についてお話ししたいと思います。

あれは中学三年生の頃。高校受験を控え、学校全体が受験モードとなっているなか、私も慣れない勉強を慣れないなりにがんばっていました。さて、効率的な勉強には適度なストレスの発散が必要です。では、一般的な男子中学生にとって最も効果的なストレス発散の手段とはなんでしょう。そう、おシコりですね。

その当時、全身これ男根（ファルス）と化していた私にとって、きちんとおシコれるかどうかは勉強の成果と直結していました。けれども、そんな私の心の隅にはどうしても無視できないある「しこり」がありました。

我が自室への侵入者——O‐F‐U‐K‐U‐R‐Oの存在です。彼女は、定期的に私の部屋に侵入し、机周りや本棚付近はおろか、完全な死角であるはずのロフトベッドの上まですべてを片付けていきます。そして、そのロフトベッド周りを片付ける際、毎度毎度私があとで片付けるつもりで放置していた「ハッピーティッシュ」（おシコり後に残るもの）をがばりとさらっていくのです。この定期的な辱めは思春期の私の心を激しく傷つけていました。

しかし、それでも私がOFUKUROの侵入を強く禁止できなかったのは、掃除のあとで彼女が毎回、「鼻炎で辛いのはわかるけど、鼻をかんだティッシュはちゃんと捨てなさいね」と言ってくれたからです。たしかに当時私は鼻炎で鼻をよくかんでいたので、OFUKUROは鼻炎に悩まされる息子のティッシュを純粋な善意で片付けているのだろうと思って、逆に申し訳ない気持ちでいました。

その一方で、私は、Girl in the box（箱入り娘）で天然の入っているOFUKURO

のことだから、ガチでナニが何なのかわかっていないんだろうなと推定しており、それが気休めとなって恥ずかしさによる自我の崩壊をギリギリのところで踏みとどまらせていました。

すべてが終わったのはOFUKUROと喧嘩したときでした。

その日、勉強をサボって爆音でギターを弾いていた私の姿に激怒した彼女。これは受験ストレスの「発散」なのだと言い張る私。丁々発止の口論が続くなか、私を本気で殺すつもりで母が放った一言。

「お前！　勉強もしないでギターは弾くわ、部屋にはマスターベーションに使ったティッシュを散らかすわ、真面目に勉強する気があるのか！」

そのとき、愚かな私はやっと気づきました。ああ、母はアレがナニだってちゃんとわかっていたんだな、と。そして、それがわかった上でナニを「鼻をかんだティッシュ」だととぼけて、善意の皮を被った侵入を続けていたんだな、と。私は泣きました。身を裂くような恥辱と裏切りによる苦しみを洗い流すように、涙をいっぱい流して……。それからの私は、この一件によって溜まった莫大な怒りをノートにぶつけ続け、なんとか第一志望の高校に合格しました。また、机の一番下の引き出しに小さなゴミ箱を隠し、そこにハッピーティッシュを捨てるようになりました。

これで話は終わりではありません。

秋田に帰郷して二週間ほどたった先日のことです。くだんの出来事以降、ナニを机の隠しゴミ箱に捨てることが完全に習慣となった私は、いつものように引き出しを開き、ハッピーティッシュを捨てることにしました。その瞬間、総毛立ちました。こちらに来てから溜め込んでいたティッシュが、きれいになくなっていたのです。これは、もしかして……いや、絶対にそうだ。

悪夢は、終わっていなかったのです。

ババァ！　俺もいい歳なんだし、この悪夢を早く終わらせてくれ！

せのちん　「おシコリ」って初めて聞いたよ、俺。

宇多丸　秋田の風習みたいに言うんじゃないよ。

せのちん　まぁでも、「ハッピーティッシュ」のやり場には、誰もがこまっているんじゃないですか。俺は、トイレにまとめて流して大変なことになったことがある。

宇多丸　今日は、そんな有栖川オトメティカさんと電話が繋がっているそうです。お話を伺ってみましょう……もしもーし！　どうもこんばんは。

有栖川オトメティカ　おつかれさまです。

宇多丸　きつかったですね。喧嘩の最中、こっちが一番強く出ているところで、もっとも恥辱的な反撃をくらって。

有栖川　母親がそういうことに疎いと思っていたんで、思ってもみなかったです。死角から、最強のフレーズがきました。さすがに母親の前では泣かなかったんですけど、部屋にかえったら、ポロッときれいな涙がでました。

宇多丸　きれいな涙……。

せのちん　「へんないかがわしいティッシュ」とか言わないで、きちんと「マスターベーションに使ったティッシュ」って言われるのも、いたたまれなくなるよね。

有栖川　逃げ道がまったくなかったです。

宇多丸　泣いてしまうまでの傷を負ったわけですけど、お母さんはその後どういう態度でしたか？

有栖川　ひょうひょうとしてました。もうとっくに、忘れているみたいですし。

宇多丸　ちなみに……いまご実家から電話ですか？　お母さんも家にいるんですか？

有栖川　いま、実は隣にいるんです。

宇多丸　え？　うわ!?　ちょっと怖いですけど、お母さんにも事情をうかがえたりしますか？

有栖川　大丈夫ですよ（あっさり）。

宇多丸　え、二人ともどういう気持ち？

有栖川の母　（無視して）こんばんは～。母です。はじめまして。

宇多丸　こんばんは、はじめまして。いま、お話、聞かれていましたか？（おそるおそる）

有栖川の母　はい。

宇多丸　基本的なことですけど、息子さんが何をしていたか、ご存じだったんですか？

有栖川の母　その頃の子には、そういうのあるんだろうなあって思っていました。出るものは出るって感じで。

宇多丸　「出るものは出る」

せのちん　ハッピーティッシュはハッピーティッシュだって最初からわかっていたんですか？

有栖川の母　わかってました。

宇多丸　今その年頃の男の子たちも聞いていると思うんで、教えてほしいんですけど、なんでわかっちゃうんですか？　におい？

有栖川の母　濡れ方ですねえ、鼻水の量じゃないなあって。

せのちん　よっぽどハッピーだったんだろうなあ。

宇多丸　息子さんは泣いちゃったらしいんですけど、この事件を覚えていましたか？

有栖川の母　忘れてたんですよ。言われたらそんなことあったなあって感じで。泣いたのも、知りませんでした。傷つけてたんですね。そんなにデリケートだとは思わなかったんですよ。

一同　（爆笑）

宇多丸　お母さん、それが、我々言うところの「母シズム――母性という名の無神経」です。

有栖川の母　すみません。無神経だったとは思います。

宇多丸　元はと言えば片付けない息子さんが悪いんですけどね。それでは、もう一度息子さんに代わっていただけますか？

有栖川の母　はい。

有栖川　もしもし。

宇多丸　はい。お母さんのご出演で、非常に貴重な証言、母シズムサイドの気持ちが得られました。オトメティカくんは、でも乗り越えたんだね。

有栖川　あれがあったから、いまこうやって生きていられるんだと思います。

宇多丸　お母さんとこうやって話せるって、仲いいんだね、いまは。

有栖川　あの一件から、母親に対する見方もいい意味で変わりました。それまでは、テレビで濡れ場があるとすぐ消す堅い人って思ってたんですけど、マスターベーションとか言っちゃうフランクさもあるんだなって。音楽も、ヘビー・メタルとかハードロックとか聞くことも知って、ライムスターのことも母がきっかけで知ったんです。

宇多丸　そうなんだ！　母シズムによって、いろいろぶつかり合うのも親子の関係によい効果をもたらすということですね。お母さんにもよろしくお伝えください。ありがとうございました！

有栖川　ありがとうございました。

（電話切れる）

せのちん　いいコーナーだね。

宇多丸　有栖川くん、いい子に育ってますよね。

見つかってしまった女

ぐみこんぶ（東京都／女性）

私が十八歳の頃の話です。私はもうそれ以前から一人エッチを頻繁にしており、もっと快感を得たいとインターネットで男性器型の大人のおもちゃを購入しました。実家ですので、誰もいないときにこそこそと使用してはベッドに隠しておりました。いつもはベッドの布団を畳んだりきれいにするのは自分自身の役目なので誰も触らないであろうという自信がありました。

しかし、ある日仕事から帰ってくるとベッドがきれいに片付いており、びっくりしてまさか⁉　と思うと、男性器型の大人のおもちゃがちょーんと布団の上に居住まい正しく載ってるではございませんか。

バレてしまった！　なんか言われるかもしれない！　とドキドキしていましたが、その日母親からは何も言われず、あ〜、お母さんもそこは気を遣って見ないふりしてくれるのね、と少し安心しました。

後日、そんな母とテレビを見ていたとき、亀が出てきたシーンで、急にふと思い出したように、「そういえばアンタ、ベッドにバ○ブがあったけどアンタが自分で使ってるの？」と聞いてくるではありませんか！

頭おかしいのかこのババァ!? 亀見て思い出してんじゃねーよ、しかもなんだそのよくわからない聞き方は？ 急に聞かれたことでパニックになり、はずかしさで「私以外、誰が使うっていうの？」とよくわからない返しをしてしまいました。すると母、「普通そういうのって男が女に使うものじゃないの？」と。

ババァ変な偏見持ってんじゃねーよ！ 父親のエロビの見過ぎか!? オナニーに使ってんだから私が使うに決まってるだろ！ ていうか見つけてしまったんならそのまま見なかったことにしといてくれよぉぉぉ！

予想外の返答にびっくりしすぎてそれ以上何も言えませんでした。

この手の話全般に言えることですけど、まずは子供側も、甘い！ 子供部屋を勝手に掃除したり整理することなど、母シズム的には完全に罪悪感ゼロで行える日常業務のひとつに過ぎないのですから、そんな、カギもかからないところにしまう程度では、「隠した」ことになりませんよ！ カギ付きの隠し場所を作ったところで、それはそれでわざわざ「ここに後ろ暗いものが入ってまーす」と白状しているようなものですけどね……。

それにしても、このエピソードの気まずさは格別です。だいたい、単にスルーしてくれるだけなら元の場所に置いたままにしておけば良かろうに、わざわざ「ちょーんと布団の上に居住まい正しく載ってる」って時点で、お母さま側からの「何か言いたさ」が表れてますよね。

そして、いざ本題に触れる段になると、同性ならではの遠慮のなさもあるのでしょう、ストレートさがハンパない！　まぁ、ぐみこんぶさんのお道具も、他のエピソードに出てきた「iroha」のようなイマドキのファンシーグッズ調デザインではなく、さぞかしストレートなかたちをしていたのでしょうが……。

寄生虫見えてるよ

ブイNWSD（東京都／男性／34歳）

あれは今から二十五年前、私が小学校四年生のときのこと。当時小学校では全校生徒を対象にギョウ虫検査というものがありました。それはセロファンタイプの検査紙を自分の肛門に押しつけ、指定の封筒に入れて先生に提出し、検査機関に菌を検査してもらうというものでした。この検査の嫌なところは、セロファンの×印に正確に肛門を押し当てなくてはならないところ。しかも一発勝負。自分自身ではどんな体勢でも見えないし、万が一失敗してわけのわからないところにセロファンを押しつけ、変な菌が検出されたらクラスの笑い者になると恐れたバカな私は、恥ずかしいけれどパンツを脱ぎ、四つん這いになって母親におしりを向け、セロファンを押しつけてもらっていました。当時友達もみんなそうしてもらっていたはずです。

ある日、学校で先生が「ギョウ虫検査やるから、明日までに持ってくるように！」と言いました。帰宅後、配られた検査袋を母親に手渡し、「明日提出だから朝忘れないようにやるから手伝って！」と私。「はいよー」と母。

翌朝、さっさと済ませようと母を呼んでパンツを脱ぐ私。母がセロファン片手に肛門に押しつけようとした瞬間……ボソッとひとこと「あんた寄生虫見えてるよ……」。

私「は？　何？」

母「だから寄生虫。白くて細い……やだ……大変……どうしよう」

私「寄生虫？　いるわけないでしょ。何？　どうなってるの」

母「あんたそのまま動かないでね。病院に電話してみるから！」

電話を終え、部屋に戻ってきた母。

「かかりつけの内科の先生がすぐ診てくれるみたいだからタクシー呼ぶよ！」

場所が場所だけに自分で確かめることもできず、パンツも履かずにタオルを下半身に巻かれ、「体をあまり動かさないようにね」と母に言われるがまま、つま先立ちでぎこちなく弱々しく歩き、タクシーの後部座席に横たわり病院に直行したのでした。

到着するなり、内科診察室の硬い診療ベッドにうつ伏せになり先生を待つ私と母。

母「ギョウ虫が腸のなかで育って寄生虫になったのよ、きっと」「シロ（当時家で飼っていた犬）が生まれたてのとき、糞に寄生虫がいたのよ。あれとそっくり」

そして先生が到着。

先生「早速見せてくださいねー。四つん這いになっておしりむけてねー。はーい。
そのまま動かないでねー」

緊張する私。一瞬沈黙。そして先生が言いました。

「お母さん……これ……エノキだね……」

脱力して下半身丸出しのままベッドでうなだれる私。確かに昨日晩ご飯、鍋だった。

ババァ！　とりあえず、となりの眼科今すぐ行ってこいやー！

大 山鳴動して鼠一匹、母親大騒ぎしてエノキ一本。まぁ、健康的には事なきを得たんだから、ホントはめでたい話のはずなんですけどね。その代わり、精神に余計なダメージをくらってしまったという……でも、日本のどこかには、エノキをセロファンにくっつけたまんま提出しちゃって、クラス中の失笑を買ってしまったというような人だっているかもしれないですからね。それにくらべればまだ、限られた大人の前でしか恥かいてないんだから、良しとしましょう！

それにしても改めて思い知らされるのは、我々みんなが、かつてはこんな風に、四つん這いになって、お尻の穴にセロファンを貼ってもらったりなんかしてるんだから……そりゃ母親もこっちのことを永久にナメてかかるだろうし、我々もまた、なんだかんだでずっと頭が上がらないのも当然だろうということですね。

ビデオレターで母が

chibi（群馬県／男性）

今から約十年ほど前、当時の職場を退職することになった私は、送別会を兼ねた社員旅行に参加しておりました。その職場では、毎年、年度末に旅行があり、夜の宴会は異動する人や退職者の送別会となるのが通例で、送られる人へのビデオレターを制作し、そこで流すのが暗黙のルールになっておりました。

正直そんなに友人が多くない私は、ビデオレターに出てくれるような人の見当は大体ついておりました。そうもちろん、母が出ることも……。そんな母は非常にサービス精神が旺盛なため、何か余計なことをやっていないか……正直不安でした。

友人、先輩によるビデオレターが流れるも、それどころではなく、このまま母が出ずに終わってほしい！　それればかり念じておりました。しかし……そんな私の願いも虚しく、元気一杯に笑顔で登場する母。そして、冒頭からエンジン全開で当時流行っていた波田陽区のモノマネを本域で披露する母。その場にいる上司、同期、後輩、皆が生あたたかく見守っている空気。生きた心地がしない……。あぁ……早く終わってほしい……。そこから母の話は、真面目なものになり、職場への感謝をのべ、感動的な雰囲気になっていき、これで、やっとこの地獄から解放される！　そう思った瞬間。本当の地獄はここからだったのだ。

突然母が「最後に今だから聞いておきたいことがあります」と切り出しました。一瞬何が起こっているのか理解できない私。そして母が続けてこう言うのです。

「chibiの部屋にあったHなビデオがロリコン物（笠木忍のAV）だったのですが、chibiはロリコンなのですか？」

目の前が真っ白になり、意識が遠のいていく……。職場には女性の上司に同期、後輩までおり、皆の視線が失笑とともに突き刺さる……。

ババァ！　ロリコン趣味なわけじゃねーんだよ！　俺は美人系よりもカワイイ系が好きなだけなんだよ！

誤解なきよう言っておくと、笠木忍さんはあくまで「ロリータ的」なルックスが売りというだけで、当然ながらとっくに成人されている人気女優さんです。「ロリコン物のHなビデオ」なんて雑な括りは、笠木さんにも息子さんにも失礼！　これは完全な冤罪です。それにしても、お母さまはなぜ、息子さんが究極の恥辱を味わうであろうことがわかりきって

いるこのような告発を、この場でわざわざしたのか。考えられる理由はひとつしかありません。「ウケると思ったから」……まさかとは思いますが、話のシメに、「ざんね～ん！」とか、もう一発カマしたりしてないでしょうね？　ひょっとするとchibiさんは、波田陽区モノマネの、生贄になったのかもしれません……。

母の反省

スナック小雪（東京都／女性）

小四の息子がオシャレに目覚め、母が押しつける子供らしい服を拒否するようになりました。しかし、小四男子といえば、愛読誌は「コロコロコミック」で、スマホやネットもないファッション情報弱者です。テレビで見るお笑い芸人や、母が好きなミュージシャン、街ゆくお兄ちゃんたちを参考にしているようですが、現在、それらがブレンドされて、かなりトンチンカンなファッションになっています。

先日、我ら親子と友人たちで遊びに行った築地にて「鰤《ぶり》」と刺繍されたキャップを見つけました。大人たちは悪ノリをして「絶対オシャレだよ！」とそれを買い与え、以降、息子はお出かけ時に、必ず「鰤」キャップを被るように。行く先々で、大人たちに「その帽子すごいね」「鰤ってとこが渋い」「電気グルーヴのライブにいそう」などと言われ「やっぱり、これはオシャレなんだ」と確信を深めています。

ゴメン。それ、「オシャレ」じゃなくて「オモシロ」かもしれない。

いつ、それを息子に伝えようか、迷っています。

僕自身、やっぱり小学校高学年で、ちょっとだけオシャレ欲みたいのが出てきましたけど、いかんせん男子、ファッションについては完全に情報弱者ですからね。自分のなかに基準ってものがまだない。だから、一度でも誰かに「それカッコいいね！」とか褒められると、その言葉が強烈に刷り込まれちゃうんですよね。僕も、小五の冬に「佐々木、スタジャン似合うジャン！」って一回女子に言われただけで、それから卒業まで、ずーっと着てましたもん、スタジャン。

それにしても、「鰤キャップ」。大人になると、「逆に」っていう価値観が入ってくるので、たしかにナシじゃないっちゃナシじゃない。なんであれ堂々と身につけてれば勝ち、みたいなところも、特に近年はある。

でも、子供同士の世界では……ぶっちゃけあいつらは超幼稚なので、表面的なカッコ良さ以外のものは容赦なく否定、小バカにしてくる可能性は極めて高いと言わざるを得ない。いや、でもアレか？「読めない難しい漢字＝なんかカッコいい」となる大逆転の目もなくはないか？欧米での漢字ブームなどを盾に、世論操作を図るという手もある。下手すりゃ同級生の間で流行りだしちゃったりして……そこまで行けばやっぱ、「逆に」イケてますよね。

ビューティフルドリーマー

キツネウサギ（長野県／男性／32歳）

まだ私がビューティフルドリーマー（幼稚園児）だったときのことです。

当時（一九八七、八年頃）の世間はウルトラマンのリバイバルブーム突入期でして、再放送があり、デフォルメされたグッズや関連本が発売され、ショップもできるなど、リアルタイム世代でない私のような子供でも、短い期間で昭和のウルトラマンの歴史をすぐに詰め込むことができるような時代でした。

日課は録画してもらったウルトラマンのビデオを晩御飯まで数話観ることで、五歳か六歳の私にとって至福の時間でした。子供だった私はもちろん「ウルトラマンは本当にいる！　この世界には怪獣がいる！」と本気で信じており、最終回でゼットンにやられてしまっても、「別のビデオでは無事だから大丈夫！」などと都合よく解釈できるビューティフルドリーマーでした。

事件はウルトラマン第十三話「オイルＳＯＳ」を観ていたときに起きました。その回に登場するペスターという怪獣の造形があまりにもおかしかったのか、母が突然「これは二人で入っているのかな？」と呟いたのです。

「ん？　二人？　どういうこと？」と聞く私。

「ほら、ウルトラマンは人が一人入っているでしょ？」と母。

「ん？　ん？　ん？」ますますわからなくなり混乱する私。

「この怪獣の形だと二人で入らないと動かせないよね」と母。

しかし、幼稚園児だった私はもう怪獣の姿がどうとかどうでもよく、

「ウルトラマンに人が入っているって？　人って人？　お父さんのような人？」と何度も何度も泣きながら母に尋ねました。このとき、必死に尋ねるたびに夢から覚めていくような奇妙な感覚が襲ったことを今でも覚えております。

「ほら、これを見てキツネウサギちゃん」とあくまで冷静に本棚からウルトラマンの大百科を取り出す母。そこにはウルトラマンと同じ大きさの老人がウルトラマンに指示を出している写真が。

「こうやって、ビルとか山を小さく作って、ウルトラマンを大きく見せているんだよ」

まだ母のノックは続きます。

「ほら後ろにチャックが、ほら飛ぶときは人形でしょ？　ほら線が見える」

やめてくれ、やめてくれと思っても、まだノックが。

「えー！　キツネウサギちゃんいつも読んでるから知ってたんじゃなかったの？」と、やっと私の泣き顔を見てノックが終わりました。

そうなんです。私が当時愛読していた多くのウルトラマン図鑑、大百科には撮影方法や円谷《つぶらや》英二さんの偉大さなどがきちんと書かれていたのです。しかし、子供ながらに都合の悪いモノは自動的にフィルターがかかっていたようで、一切頭に入れて考えることをしなかったのです。

たしかに当時の私は空に向かって「レオー！」などと叫ぶことがしょっちゅうでしたし、道行く知らないオジサンに段ボールで作ったアイスラッガーを投げつけたこともあり、そんなビューティフルドリーマーではこの先大変と思ってくれたのでしょうか？　母はまだ小学生でもなかった私に「この世界には巨人も怪獣もいないんだよ」と教えてくれたのです。

ババァ、ふざけんなよ！　お陰でウルトラマンごっこはやらなくなったけど、変わりに特撮の技法が気になりだして、三十過ぎても相変わらず特撮好きのままになっちまったじゃねーか！

追伸・数十年振りに母にペスターの回を見せたところ、「イデ隊員って迷惑だねぇ」と孫を抱っこしながら笑っておりました。

ババァ、三歳の孫の夢は壊さないのかよ！

今回の「ノック」は、ドアをトントンとやるあれではなくて、「地獄の千本ノック」とか、そっちのほうの「ノック」ですね。「人って人？　お父さんのような人？」という、映画『ルーム』を彷彿とさせる無垢な質問が涙を誘います（実際の放送ではこのすぐあとに始まる映画時評コーナー「ムービーウォッチメン」の課題作品が、この日ちょうど『ルーム』だったのです）。幼いながらに築き上げてきたそれまでの世界観が、根こそぎ破壊され、容赦なく書き換えられてゆく。お母さん、あなたが一番の怪獣だよ！
　まぁ、いつかは誰しもこのように、現実と空想の一線をはっきりと引かなければならないときがくる、というのもたしかなのですが……。僕ももちろん、幼少期のどこかのポイントで、キツネウサギさんと同様の「気づき」を得たわけですが、そのショックがあまりにも大きかったせいか、しばらくの間はテレビを見るたびに、「山口百恵とか、森昌子とか、こいつらもみんな、仮面ライダーやウルトラマンと同じ〝着ぐるみ〟なんだッ……僕はもう知ってしまった！」と思い込み、保育園の友達にもそう吹聴して回っていたのをよく覚えています。陰謀論者の典型的思考ですね。

「お母さん！　大丈夫⁉」

プッシー☆キャット（東京都／女性）

私の話は、ババァにノックされなかった、ではなく、ババァをノックしてあげられなかったです。

あれは私が高校三年生だった頃、デザイン系の学校だったため、絵を中心にした課題が山のように毎日出されておりました。夜中まで作業するので隣の部屋で寝ている両親を起こさないよう、なるべく音を立てずに作業をしていました。しかし私の部屋と両親の寝室は薄い障子でしか仕切られていないので筆を落とそうものなら父に怒鳴られ、快く作業できずにいました。

そんなある日、寝ている母が喘息で呼吸ができなくなり救急車で運ばれるという事件がありました。その後何度か夜中に喘息の症状が現れ、家族全員心配で仕方がありませんでした。

そういった状況が続いたある夜、私はいつものように作業をしていたのですが、隣の部屋で母の苦しそうな息遣いが。私はまた発作だと思い勢いよく障子を開けました。

「お母さん！　大丈夫⁉」バターン！　そう言った私と目が合った仰向けの母。の上に覆い被さる裸の父。目を丸くした母は反射的に「大丈夫！」と応えました。二秒ほど沈黙して障子をそっと閉める私。動悸と思考が落ち着くのに三十分はかかりました。

翌朝起きると父はすでに出勤したあとだったようで少しホッとしましたが、母は私に会うと何事もなかったように「おはよう」と言ってきました。

いやいやいや……。いやいやいやいやいやもぉぉぉぉぉぉおお！　年頃の娘が隣の部屋で起きてるっていうのに障子一枚越しでセックスしてんじゃねぇよ！　どんなプレイだ！　こっちが少しでも音立てりゃ怒鳴ってくるくせに、そっちはやることやってんだなぁ！　五十過ぎなのに仲がよろしいことで！　つーかババァ！　あんた喘息じゃなかったのかよ！　心配して禁断の障子を開けた娘が馬鹿みてぇじゃねぇか！

その後喘息の症状は出なくなりました。

パパ、ママ、ごめんね☆

今回は、「娘、ノックしろよ！」と。まぁでも、喘息の発作が頻発してたっていうんだもんね。そりゃプッシー☆キャットさんも心配して、ノックも省略したくなりますよ。

あとやっぱり、自分はいつも筆を落としただけでも怒鳴られてる……って、お父さんもちょっと怒りすぎだと思うけど、とにかくこっちは日々、息を殺して作業してるのに、まさかすぐ横で、お前らがわざわざ息荒くするか？　ってのはありますよね。大きな子供がいたりすると夫婦生活もなかなか大変ではあるんでしょうけども……。

いずれにしても、コトの真っ最中に当事者と目が合ってしまうという、気まずさという意味では最高レベルの事態。お母さんとしても「大丈夫！」と元気に即答する以外なかったことでしょうが……。もしここで、母娘立場が逆転してますけども、例の「閉めて」「閉めません」「閉めて」「閉めません」問答（P34参照）が始まったらどうなるんですかね？（笑）

とにもかくにも、驚きすぎてなのか喘息の症状は治まったということなので、結果オーライ！

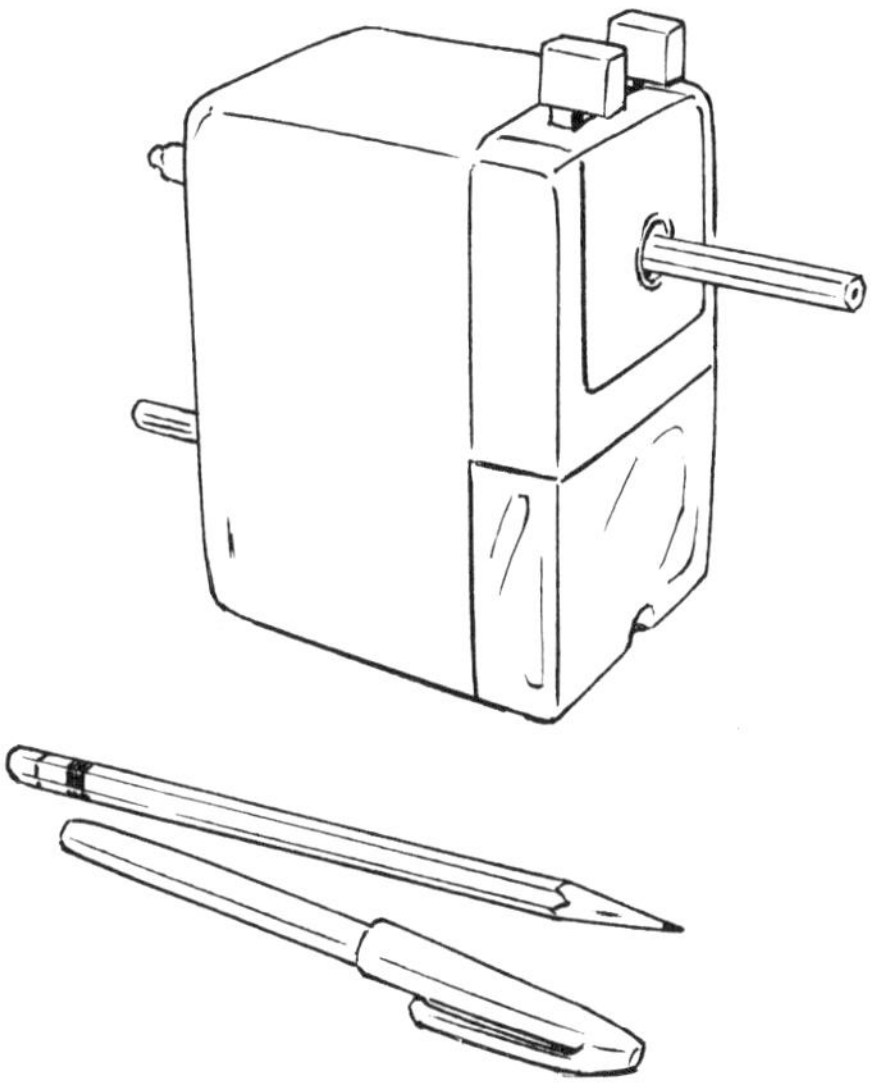

オレん家に入れない

のみ（北海道／男性／30歳）

自分は母と二人の実家暮らし。三十歳を越え、定職にはちゃんと就いており、酒はよく飲みますが、収入面に関しては特に困らず、ある程度実家にも入れています。そんなある日、母が家のカギを変えました。

「え!?　入れないじゃん！」

帰宅後、普通にカギを挿しましたが、ガチャガチャ！　ガチャガチャ！　こ、これは!?　とりあえず母に携帯、メール、イエ電、ノックしたところ……反応ありません。おい、おいおいおいおい！　家は家！　餅は餅！　オレん家はオレん家だろが！

自分の持ちカギが使えないのだからカギ穴を変えられた以外考えられません。少ない脳みそで考察し、原因と言えばなんなのか？　たしかに普段からケンカや言い合いなどがあるにはありましたし、母は一人で静かに過ごしたいのかなとか色々思いましたが、しかし、確かなところはわかりません。結局、その日は近くのリバーサイドパーキング（河川敷）にて車中泊しましたが、次の日も実家の扉は開かず、自分にとってのセーブポイントでもある実家に入れない！　もう、これはダメだ！　と思い、カギ屋さんを呼んで開けてもらいました。

翌日、母に問いただすと……。

母「二階に洗濯物干してるのに下着が最近なくなってるの。アンタじゃないの？」

オレ「アンタじゃないのって何？」

母「だーかーらー、アンタが私の下着をどうにかしてんじゃないのかってことよー」

オレ「……」

なんと、母は下着がなくなったことを自分のせいだと思いカギを変えたのです。母は「オッカシィ～ねぇ～。ヤギでも飼ってるわけじゃないのに、なくなるかねぇ～」とか言いながら自分をチラチラ睨んでくるのです。

あ～、もういいよ。とにかく準備ができたら一人暮らしするよ。

ただなぁ、ただなぁ～！　一言、一言だけな。

ババァ！　ノックしたら出ろよ！

母と自分の二人暮らしなんだから、ちゃんと言ってくれよな。とりあえず母の日には女性下着プレゼントするわ。

まずもう、母親にいわれなき下着泥棒の嫌疑をかけられているってだけでも、腹立たしいやら恥ずかしいやら、最悪の話じゃないですか。なのにそのうえ、なんだこの理不尽な仕打ち……いきなりカギ変えられて家から閉め出されるって、なに⁉ 五億歩譲って、息子が自分の下着を盗んでいると疑ってたとしても、「とりあえず家に入れない」ってそれ、なんの解決にもなってないから！

あげく、いくら冤罪を訴えても、ま～だ疑いの目を向けてやがるっていう……ヤギのたとえとか、マジで腹立つ！ 僕ならホント、怒り死にしちゃってると思いますよ。

しかものみさん、北海道でしょ？ 場合によっちゃ凍死の危険だってあるよ！ 数ある「ババア、ノック」エピソードのなかでも、最凶／最狂の一篇ではないでしょうか。

デブでハゲでチビ

ポチ（埼玉県／女性／35歳）

まだ二十代だった頃の話です。私はお酒に弱く、一口呑んだだけで、全身が真っ赤になり、最終的には気持ちが悪くなるという最悪な状態になります。そんな私ですが、日本酒が大好きで、ある年の職場の忘年会で、熱燗をグイグイ呑んでしまいました。するとと案の定気持ちが悪くなり、トイレにこもることに……。

結局、一人では帰ることができず、途中まで同じ方向へ帰る上司が送ってくれることになりました。私は電話で母親に「駅まで迎えに来て～」と伝えるのが精一杯で、グリーン車に乗せてくれた上司とともに下車、フラつく私を支えながら改札へ……。

そこには、ビックリした表情の母親が！

送ってくれた上司は、めちゃくちゃ優しく、人間もできた方ですが、見かけは最悪で、デブでハゲでチビだったのです。母親は、超心配性なので、日頃から私に対しての干渉がひどく、変な男が近寄らないかと心配していたのですが、溺愛している娘を支えている男が、デブでハゲでチビの中年男だったので、ビックリしてしまったようです。

上司に対し「あんた、誰!? ちょっと、体から手を離しなさいよ！」とものすごい剣幕で言い始めました。慌てる私！ が、火のついてしまった母親を止められず、誤解を解くのに、かなりの時間を要しました。そのお陰で、上司は終電を逃し、自腹でタクシーで帰ることになり、翌朝、出勤した私は、上司にひたすら謝りました。

ババァ、あなたの干渉がひどすぎて、未だに独身だよ！

日本人のほぼ半数は、低活性型か非活性型のアルコール分解酵素しかもともと持っていない、つまり、生まれつきお酒にとても弱いか、そもそもまったく飲めない体質なのだそうです。「一口呑んだだけで、全身が真っ赤になり、最終的には気持ちが悪くなる」というポチさんなど、明らかに非活性型の可能性が高い。「日本酒が大好き」「熱燗をグイグイ」とか、そもそもやめたほうがいいと思うんですけど……。
あと、「デブでハゲでチビの中年男」って、これだけ恩義と借りがある人に対して表現にフィルターかかってなすぎ！ 娘に近づく男と見れば事情を確かめもせずに敵視するらしいお母さまはもちろん問題ですが、ひょっとするとポチさんも、お母さまの厳しすぎる男ジャッジ視点を、いつの間にか内面化してしまっているのでは？ 仮にポチさんを送り届けてくれた男性がシュッとしたイケメンだったりしたら、何か事態は好転していたのかどうか、気になるあたりですが……。
いずれにしてもお酒の飲み方は要注意！ そりゃお母さんも心配しますよ。

キノコ類

滋賀の人（三重県／男性）

僕が、不意の一撃を受けたのは昨年のこと。婚約者を自分の両親に紹介する食事会のときでした。

食事会は、母が予約した高級中華料理店で、僕の家族と婚約者の挨拶で始まりました。お互いに緊張感はありながらも、いつも無口な父が多少の冗談を交えながら会話をリードする形で婚約者と両親が徐々に打ち解けていくことにホッとしつつも、僕はいつ母が過去の黒い歴史を紐解かないかと戦々恐々です。もし、母が「そういえばあのとき〜」などと口走ろうものなら無理矢理にでも割って入ろうと身構えていましたが、何事もなく挨拶が終わり部屋の隅に待機していたウェイターさんが指示を出す形で給仕の方が料理を並べていきました。ウェイターさんが一品一品料理を説明してくれるのですが、僕は母への警戒を怠りません。

しかし、不意の一撃は母ではなくウェイターさんから発せられました。

「本日のすべての料理には、ご子息のお嫌いなキノコ類は使用しておりません」
場が凍りつくなかで、やりきったウェイターと母が満足げに頷き合うのが見えました……。

ババァ！　何、店に言ってるの⁉　店の人も、それを言っていいかどうかわかるだろ⁉　ずっと、隅で話聞いていたなら察しろよ！　婚約者も「あのとき私が作った料理、キノコ入れてた……」とか、呟いてるよ！

その日の食事会が、僕の言い訳大会になったのは言うまでもありません。
婚約者とは、無事入籍することができましたが、それ以来、我が家にキノコ料理が並ぶことはありません。

恐らく前科が無数にあったのでしょう、お母さまによる無遠慮な情報漏洩に対しては、細心の注意を怠らなかった滋賀の人さん。しかしまさか、店ごと母シズムの支配下にあったとは！　完全なる死角から放たれた刺客の一撃、さぞかし深い痛手を負われたことと思います。

このエピソードの何がキツいって、自分が選んだ結婚相手を親に紹介するという、言わば一人前の大人として認めさせるための場で、よりによって「母による先回りしてのリスク回避」という、過保護丸出しな状況を作られてしまったこと。いくら言い訳しても反発しても、「違うもん！

ボク一人でできるもん！」的な構図が強まるばかり、もはやどうにもならない。

しかも、食べ物の好みのことってのがまた……うっすらと、「あら、ご存じなかったかしら？やはり、滋賀の人ちゃんのことは私が一番わかっているのねぇ」的な、お母さま側からの若干の「カマし」感も伝わってくるような。嫁姑、その後ちゃんと仲良くやれてるのかどうかも気になるあたりです……。

審問会

はがね（東京都／男性）

あれは、まだ私が中学二年生だった頃のことです。

部活を終えて帰宅した私は、一階のリビングで友達と遊んでいる弟を尻目に自室でくつろごうと二階に上がりました。漫画でも読もうと本棚に目をやるとそこに目立たぬよう隠しておいたはずのエロ本が無くなっていることに気づきました。

やばい！　親にエロ本持ってることがバレて、取り上げられてしまった。

あの頃の自分にとって、隠し持っていたエロ本が親に見つかるということは麻薬所持を摘発されることと、ほぼ同じくらいの意味を持っていました。私が自室で一人で悶絶していると両親が買い物から帰ってきました。

やばい。絶対にこの件に触れられる。絶対、小一時間、問い詰められる。そんな地獄のような審問会に出席して恥ずかしい詰問を強いられるのだけはいやだ！　咄嗟に私は家の裏手から逃亡し、決心しました。家出だ。家出しよう。もう、絶対に家に帰らない。重罪を犯した私は二度とあの家に帰ることなどできない。こんな結論にいきなり達してしまうほど、まぁなんというかあのときの私はいろいろ浅はかでした。

といっても中二の自分に行くあてなどありません。深夜、自転車だけ取ろうと自宅に戻ったところで父に見つかり捕まってしまいました。

完全にうなだれ、虚脱状態になっている私を両親は問い詰めました。

「どこに行ってたの？　なんで行き先も告げず遅くまで出かけてたの？」

私は驚きました。どうやら、両親は私が家を逃げ出した理由にまったく心当たりが無かったようなのです。そこで私は気づきました。犯人は弟だと。あとから判明したのですが、実際、あのとき、弟は遊びに来ていた友達と面白半分に私の部屋に入り込み、隠していたエロ本を勝手に持ち出していたのです。

しかし、当の私は事の恥ずかしさから、とても自ら打ち明けることができず、ただひたすらだんまりを続けるしかありませんでした。父も母も心配と苛立ちを抱えた表情で、俯いたままの私を交互に問い詰めました。

「何？　なんで出てったの？」

三十分くらいだんまりを続けた末に、やっと私はこう口にしました。

「見つかりたくなかったものが……見つかっちゃった……て思って……」

「何？　見つかりたくなかったものって？」

ここからさらに両親の問い詰めと、私のだんまりが続きます。

「だから何？　何を見られたくなかったの？」

だんだん事情を察したのか、父が黙り始め、髪を掻き上げながら抜き取っては新聞紙の上に撒くという動作を繰り返しだしました。しかし審問の手を母は緩めません。

「何？　もう、言いなさいよ？　なんなの？」

そして、永遠のように繰り返された「何？　なんなの？」の詰問の末に、ついに母は核心に触れてしまいました。

「……エロ本？」

即座に父は母を制するように怒鳴りました。

「バカ！　お前！」

父がそう言い、顔から火が出る思いで私がうなずいたあとも母は、

「やぁだぁもう～。エロ本？　エッチな本？」

などと言い続けました。

こうして真相が家族のもとに明らかになり、父の「勉学が疎かになるようでなければ……まぁそういうのは……な。あれだから」的な言葉で締めくくられ、地獄の審問

会は幕を閉じました。
今思えば、たしかに母が、口火を切らなければ一向に埒が明かない問答になってい
たかもしれません。だけど……ババァ、そういうの、もうちょっとノックしてからに
してくれよ！

では、弟が勝手に持ち出していた私のエロ本は一体、どこにあったのか……。
母から受けた尋問のあと、今度は私から弟への審問会が始まりました。
「お前だよな？　お前が、俺の部屋からエロ本持ち出したんだよな？」との問いに最
初は「え？　何それ？　全然、わかんない？」とシラを切り続けていた弟でしたが、
「絶対に怒らない。絶対に殴らないと約束するから言え。言わなければ殴る」と、詰
問し続けた私に根負けし、白状しました。
「リビングのソファのクッションの下の隙間の所……に」
あろうことか、弟は審問会が行われていたときに、母が座っていたソファの下に問
題のエロ漫画、『いつみセンセーション』を隠していたのです。
私は弟の証言を聞いた瞬間、思い出しました。私が学校から帰宅したとき、友達と
弟が、「俺たち、何もしてないよ。な？」「何にも取ったりしてないよ！」などと、聞

いてもないのに変な主張をしていたことを。
あの時、気づくべきでした。灯台もと暗しとは正にこのことです。
ババァ、お前が知りたがってた問題の核心、てめぇの真下で眠ってたんだよ！

またまた出ました、「兄弟という名の最も近しい敵」問題。ランニングシャツやパンツを兄と父と共有していたという番組構成作家・古川耕さんによれば、弟というものはしばしば、兄のエロ本などを、勝手に共有財産と思い込むところがあるそうですね。迷惑千万！

　このエピソードで最も味わい深いのはやはり、お父さまの振る舞いですよね。「だんだん事情を察したのか、父が黙り始め、髪を掻き上げながら抜き取っては新聞紙の上に撒くという動作を繰り返しだしました」……きっと、自らの思春期の愚行の数々に思いでも馳せていたのでしょうか。母親ならではのデリカシーゼロな踏み込みに対する「バカ！　お前！」という即座の制止も、ひょっとすると完全に、若かりし日の「ババァ、ノック」体験がフラッシュバックした上での、反射だったのかもしれません。

　願わくば、ここまで事の本質が明るみにされてしまう前に、なんとなく真相に勘づいた時点でお母さまを別室に呼ぶなどしてくれてれば……そしたらせいぜい、向こうの部屋から「あら、いやだ～！」というお母さまの笑い声がうっすら聞こえる程度で済んだかもしれないのに！　お父さんも結局どうしていいかわかってないあたり、この種の問題の根深さを感じます。

おこげ

セキタトナリ（広島県／男性）

これは私が中学二年生だった頃の話です。

私はバスケ部所属の思春期バリバリの童貞でした。女の子が自分のことをどう見ているのか？　イメージプレイの日々。どうしたらモテるのか……。そんな私がクラスの女子から期待されていると実感できる日が年に一度の体育会。前日に母に体操着を洗っておいてとお願いしました。そんな私に母は「あぁそんなことより弁当箱出しておいて」と心ここにあらずの様子。

案の定、当日の朝、悲劇が起こりました。

私の体操着は洗濯機に入ったまんま、干していなかったのです。好きな子に良い匂いで良いところを見せたかった私は……「何しとるん⁉　何しとん！」と激怒。すると、母は……「あぁぁあぁ乾かす乾かす今から！」と逆ギレ。

私の湿った体操着をオーブンレンジのなかにポンッと入れました。母曰く「少し水分飛ばすんよ」とのこと。

出る準備をしている私の耳に「チーーーン」とレンジの終了音。嫌な予感がして、レンジに突撃する私。オーブンレンジを開けたとき、私の目に飛び込んできたのは、いい感じにご飯におこげがついたような状態の私の体操着。

焦る母。

「待って今、表面削るから」

とナイフを持って焦げているところを削ろうとする母。

クラスの期待と母の失態の間で、学校を休むべきか否か本気で悩む私。

結果私は体育会にて、かっこいいループシュートがぶっ飛ぶくらいの注目をクラスの女子から受けることになりました。

ババァ、当分オレのあだ名を「おこげ」にしてんじゃね～よ！

お母さまなりに責任を感じて、良かれと思って繰り出した対策が、ことごとく裏目に出てしまい、おこげさん、じゃなかった、セキタトナリさんの機嫌をますます損ねることになってしまうという意味で、お母さん、ちょっとかわいそうではあるんですけどね。正論としては当然「そんなに大事な体操着なら、自分で洗わんかい！」ってことではあるんだけども……根本に母に対する「甘え」があるというのは、言うまでもなくこの企画に集まるエピソード

の本質です。

しかしなんだよ、「表面を削る」って（笑）。「少し水分飛ばすんよ」という慣れっこのような口調が、直後に単なるフカしであったことが判明するあたりも、ちょっとかわいい。

この投稿が読まれた日は、奇しくも「デリカシーのないあだ名特集」の放送回で、ある意味これが予告編的な役割も果たしました。「オコゲ」って、大人の世界ではまた別の意味を持つ隠語になっちゃいますけど……。

00
前半
13

デス・スターと、そういう年頃

がぶのみ（埼玉県／男性）

私にとっての「ババァ、ノック」事案は、親ではなく、今から二十五年以上前、小学校六年生のときの担任の女性教師W先生によってもたらされました。

当時私は、おはようからおやすみまで、とにもかくにも『スター・ウォーズ』一色で、いつもそのことばかり考えていました。特にお気に入りだったのがメカ、とりわけXウイングとデス・スターで、よく答案用紙の裏などに稚拙な絵を落書きしていたものです。

そんなある日、BK（ババァ、ノック）は突然やってきたのです。

その日、授業が終わり帰り支度をしていた私を先生が呼びきめ、残るように促しました。その理由に若干の心当たりがあった私は少し憂鬱になりました。というのも私は普段から忘れ物が非常に多かったのですが、その数日間は特にひどく、いつかまとめて叱責されるであろうと覚悟していたからです。

放課後、誰もいなくなった教室で先生が切り出しました。

「最近ちょっと気持ちがゆるんでるんじゃないの？」

ああやっぱり来たか……そこからはいつもの定型業務（黙って聞いてやり過ごす）のはずだったのですが、その日はいつもと違い、まったく予期せぬ展開となりました。

「がぶのみ君、もしかして女性のこととか考えたりしてるの？」

「君もそういう年頃かしら？」

ん〜？　まったく訳がわからず困惑している私にさらに先生がニヤニヤしながら畳み掛けました。

「最近テストの裏に女性のおっぱいの絵描いてるから、そういうことに興味が出てきたのかと思って……」

え！　おっぱい？　なんで？　私はあまりのことに頭が混乱してしまい思考停止状態となってしまいました。どういうこと？　私がいつも答案用紙の裏に描いているのはXウイングと最近お気に入りのデス・スター……。

そうです、先生は私の稚拙なデス・スターの絵がおっぱいに見えていたのです。私は、見たもの、想像したものを平面に投影する能力が著しく欠如しており、そのとき描いていたデス・スターも、

♪大きな丸がありまして
　小さな丸がありました
　あっという間にデス・スター
的な物を自分でも「なんか違うなー」と思いながらも量産していたのです。
その場はとにかくおっぱいではないことを必死に説明し、「思春期のモヤモヤをこじらせつつある要注意人物」という職員会議のブラックリスト入りはなんとか避けられましたが後日、無数のおっぱいが描き込まれた答案用紙が戻ってきたことでモーレツな自己嫌悪に陥ったことを覚えています。
そしてそれ以降、デス・スターの絵を描くことは二度とありませんでした。
最後にひとつだけ言わせてください。世のババァどもに問いたい！　お子さんが描いているその絵、本当に「おっぱい」ですか？
1　乳首が不自然なくらい北半球にありませんか？
2　球体の赤道付近に溝のようなものが一周していませんか？
3　乳首に見える辺りから出ているものは本当に母乳ですか？　やけに直線的じゃありませんか？　発射直後は三本でそのあと一本に収束する母乳なんて見たことありますか？

4　というかそもそも乳房に見える部分の右半分が欠けてギザギザになっていませんか（エピソード6型）？

この投稿でおっぱい冤罪が一件でも減ることを願って止みません。

実の親のみならず、親代わりの保護者的な立場にいる大人であれば誰であれ発動し得るのが、「ババァ、ノック」モード。特に、小六の担任教師ともなると、男子生徒の一挙手一投足に、性の目覚めの兆しはないか、常に警戒を怠るまいという意識がそもそも強くなりがちなのかもしれません。だとすると、今回のエピソードのような悲惨な冤罪も起こりやすいとも言える。

　そっちが勝手に勘違いしてるだけなのに、「君もそういう年頃かしら？」とか、当然のように上から目線なのが、やっぱ腹立つわ〜！　第一こういう場合、仮にそれがホントにおっぱいの絵だったとして、居残りまでさせて、いったい何をどう解決してくれるというのでしょうか？　映画『課外授業』よろしく先生自ら手ほどきしようというのでもない限り、がぶのみさんのケース同様、思春期の傷つきやすいハートをいたずらに辱める以上のことはできないんじゃないか、と思うんですけど……。

　無論、「李下に冠を整《ただ》さず」という言葉もあります。今後はデス・スターの絵を描く側も、影をできるだけ正確につけるなどして（特にスーパーレーザー射出口周辺がすり鉢状に凹んでいることを明確に示す表現は重要でしょう）、くれぐれも誤解を招かないよう配慮するべきなのは言うまでもありません。

土山

ギームス（熊本県／男性）

あれは僕が中学二年生のとき。机の引き出しに隠していた数冊のエロ本の存在が母にバレてしまいました。潔癖性で真面目な母はヒステリックに激しく怒りだしそのエロ本を捨てなさいと一喝。しかし、大切に集めてきた宝物を手放すのが惜しかったのと、そもそも捨て方がわからなかった僕はある場所に隠すことに……。

数日後、学校で授業を受けていたときでした。

「お母さんから緊急の電話が来ている！」と先生が飛び込んできました。

何事かと思い職員室の電話を取ると受話器から、泣き叫ぶ母の声が。

「自宅の庭に、死体が埋められたような不自然な土山がある！」

専業主婦で一人で家にいた母は恐ろしくなり僕に電話をしたのです。もちろん父にも電話し、さらには警察にも……。

そう、その土山は汚れないように丁寧にビニール袋に入れて埋めた僕の宝物でした。

心配する先生をよそに僕は学校から駆けだしました。半泣きでダッシュで帰宅する僕が念じていたのはただひとつ。警察官より、父より、早く家に帰り、宝物を死守すること。

急いで帰宅したものの家の前にパトカーが停まっているのが見えた瞬間、僕の頭の中は真っ白になり、そこから記憶がありません。

ババァ、あんな狭い庭に死体が埋まっているわけねーだろ！

僕が母ときちんと和解したのは成人を迎えてからです。

出だしこそ、典型的な思春期エロ本バレあるあるって感じで、牧歌的なムードなんですけどねぇ……。不自然に盛り上がった庭の土から浮上する死体遺棄疑惑、即時の警察介入と、話はやがて完全に映画『ヒメアノ～ル』の世界へと突入してゆきます（この日の「ムービーウォッチメン」課題作品が『ヒメアノ～ル』でした）。

真面目な話、子供が親に隠れて性的な関心を満たそうとしているのを、親側は、仮にそこに気づいてしまったとしても、あまりコントロールしようとするべきではない、というのが僕の持論です。なぜならそれは、初めて保護者の監視・管理を完全に離れて成し遂げる、大事な通過儀礼なのですから。それこそエロ本ひとつとってみても、どうゲットし、どう隠し、どう処分するか、すべて自己責任でやり遂げるという経験は、成長の過程に間違いなく小さくない意味を持つはずです。

それにしても、２００％の勘違いとは言え、まさか警察まで呼ばれる事態になるとは、普通想像もしないよなぁ……。せめて、お父さまに先に発見されて、「お前、これ……（苦笑）」くらいで済めば良かったんですけどね。真相の発覚後、どうなったのかが大変気になるあたりです。

「必要なものは全部このなかに入ってるから！」

なっつ（静岡県／男性／20歳）

未だに私の精神を蝕み続けているあの忌々しい事件が起きたのは高一の冬でした。当時私は片思いをし続けていた女の子に告白をし見事ＯＫをいただけて、人生初の彼女ができた頃でした。最初は彼女ができたなんて家族に伝えることはできずにいたのですが、母シズム政権下最恐の密告網とも呼ぶべき、友達のママさん情報により発覚。そこからが地獄の始まりでした……。

「○○ちゃんと最近どう？」

「○○ちゃんとどこでいつも遊ぶの？」

などの基礎的質問はもちろんのこと、

「○○ちゃんのメアド教えてよ！」

「○○ちゃんうちに呼んで家族みんなでご飯でも食べよう！」

などのおせっかいが毎日のように続いていました。

そしてあの事件が起きたのです。

彼女の家族にクリスマスの夕飯に誘われた私は当然のように「ついに彼女の家に行ける！」「これはチャンスかもしれないが今回は男らしく彼女の家族と仲良くなることだけに専念しよう」などと様々な思考とともに浮ついた日々を送っていました。できれば母には知られたくなかったのですが、クリスマスの夜に家にいられない言い訳を思いつくことができず正直に彼女の家の夕飯に誘われたことを伝えました。

すると当然のことながら母のお節介が発動。それなら料理や飲み物をたくさん作って持っていかないと！　家族の皆さんにプレゼントを持っていかないと！　などといろいろな準備をし始めました。「いーよーそんなのー」などと言いながらも、「まぁ向こうの家族に悪い印象を与えるわけでもないしいいか……」と諦め、それらのことは母に任せることにしました。

クリスマス当日、出かけようとする私に「必要なものは全部このなかに入ってるから！」と大きめの紙袋を渡す母。

緊張しながらも彼女の家に到着し、夕飯まで家族の皆さんと楽しい時間を過ごしていました。食事の時間になり全員が席に着いたところで「母からの差し入れです」と紙袋から数個のタッパーを取り出そうとしたそのときでした。カシャッ。何か軽く小さなものが机に落ちた音がしたのです。何かと思い紙袋を持ち上げてみたところそこに落ちていたのは四角い銀色の物体。そう、ゴムちゃんです。母は料理やプレゼントの準備だけでなく、息子の聖夜の営みの準備まで紙袋のなかに忍ばせていたのです。

机の真ん中で全員の視線を浴びているゴムちゃんを見て背筋が凍る私。「何これ？」と言いゴムちゃんを手に取る彼女の妹。開いた口が塞がらない彼女の母。

これ以上の地獄があるでしょうか？

これ以上の気まずさがこの世の中に存在するのでしょうか？

「すいません！　何かの手違いで！」などと訳のわからないことを叫び彼女の妹からゴムちゃんを奪い取りポッケにしまった私。

そこからの記憶はほとんどありません。

その後、彼女とも気まずさが拭えずに別れることになり、私の苦い青春は終焉を迎えることとなりました。

これが未だに私の心の傷となっている母シズム案件です。

言葉もありません。まさしく生き地獄！

我が子を思うあまりのお節介、そこまではまだわかる。しかし、「家族の皆さんにプレゼント」という名目で詰め込んでいた品々のなかに、特に断りもなくコンドームを忍び込ませておくというのは、いったいどういう気の回し方なのか？　「避妊のこともしっかり考えてるちゃんとした男だってこと、向こうのご両親にがっちりアピールしてきな！」とでも言いたかったのでしょうか？　っていうかどう考えても、ご両親もいらっしゃるその夜のうちにヤッたりするわけねぇだろ！

事ほど左様に、ときとして常識などというものがまるで通用しない、超現実的な暴挙が平然とまかり通るのが母シズム政権下。なっつさんも、持たされた荷物の中身をいったんチェックもせず、そのまま先方の食卓でオープンしてしまったのは、いかにも甘かったと言わざるを得ない。なんにせよ、「母からの差し入れ」と宣言した直後のことですから、家族丸ごと神経を疑われても仕方ない感じになってしまったのがまたツラい……。いったい、その後の食卓ではどのような会話がなされたのか、どう時間が過ぎていったのか、想像するだに背筋が凍ります。

「トントーンあのさあ……」ガチャ

よりぴ（神奈川県／女性）

うちの母は、ノックが口《くち》なのです。「トントン」と声で言うのです。しかも、こちらが返事をしないうちに部屋に入ってきます。つまり、「トントーンあのさあ……」ガチャ、みたいな感じです。ヘッドホンで音楽とか聞いていたら確実に気づきません。音楽を聞いているときは別に怪しいことをしているわけじゃないので、こちらもあまり気にして注意しませんでした。

高校生の頃、ある日、トイレでお尻を拭いているとき、指にファサッ……という感触がしました。

（え！　ケツ毛……!?）

自慢じゃないのですが女にしては体毛が薄いほうだと思っていたので、まさかこんなに長いケツ毛らしきものを感じるなんて思ってもみませんでした。恐る恐る引っ張ってみると、たしかにくっついている……ケツ毛だ……まじかよどうしよう。ケツ毛が生えてくる体質だったなんて、こんなところどうやって処理するんだ……とトイレで少し悩んだ結果、とりあえず確認してみようと思い部屋に戻りました。

そのあとはもうおわかりでしょう。

折り畳みミラーを床に置いて、思いっきりケツ毛を確認しているさまを母に見られました。

「トントーンあのさあ……」ガチャ↓「ハッ！　あんた何やってんの！（怒）」

と声をあげてびっくりした母でしたが、ひと呼吸おいてさも理解のある母ですよ風な顔ぶり、口ぶりで、

「ま、いいわ。ほどほどにね」（なぜかどや顔）

と言って立ち去っていきました。

その間私はケツを出しっぱなしです。

おいおいおい、私の気持ちはまだ追いついてないぞ……！　と思ったのですが、瞬時に割り切ってとりあえず剃ってみてパンツをはいてその日は寝ました。

その後、何か直接言われるようなことはありませんでしたが、理解のある母ですよ風の顔はそれ以降も続いて、（ま、私とあんたの内緒だけどね）風な顔までしてくる始末。

私の反抗期はそこらへんから始まったように思います。

ちなみにですが、大人になってきちんと永久脱毛いたしました。

世の中のケツ毛で悩んでいる人たちに大変失礼な内容になってしまったことをお詫びします。

これも、「勘違いしてるくせに上から目線のわかったようなツラ」、で、腹立つー！　パターンですよね。お母さま、明らかに、よりぴさんがとんでもないポーズでいかがわしい行為に及んでいた……と思い込んでる様子なうえに、「同性だからわかってあげるけどね」的な優位性まで勝手に確保しちゃってるわけで。しかも、「いかがわしい行為」に関しては冤罪でも、「とんでもないポーズ」をしていたのは間違いなく事実なため、どっちにしたって恥ずかしいことにはたいして変わりないっていうのも、逃げ場がないあたり。
それにしても、妙に詳細なケツ毛の描写が始まったところでは、いったいなんの話が始まるのかと思ってしまいましたが……。「瞬時に割り切ってとりあえず剃ってみてパンツをはいてその日は寝ました」という、異常な切り替えの早さも印象的です。お母さまもよりぴさんも、どこかさっぱりした性格なのは似ている部分なのかもしれませんね。

母はターミネーター

魅惑の深海パーティー（千葉県／男性／43歳）

私が小学生のときの話です。

当時の私は、クラスで一番の俊足、器械体操や球技も得意で、勉強が苦手な私にとって輝ける場所、それが「体育の時間」でした。しかし、そんな運動神経抜群の私にも唯一苦手なスポーツがあるのです。それはS-U-I-E-Iでした。

私は、まったく泳げないというわけではなく、泳ぐには泳げるのですが、手足をバタバタさせて、まるで溺れているように息継ぎをしながらなんとか前に進んでいるようなありさまでした。いつも陸を颯爽と走っている私にとって、そんなぶざまな姿を人目にさらさなければならない水泳の授業はJ-I-G-O-Kでした。

そんな私が、小学六年生になり、再び地獄の季節をむかえました。

憂鬱な日々を過ごしていたそんなある日、部屋に寝ころび「あ〜あ、明日の五時間目もプールか〜」と天井を眺めているときにふと思いついたのです。

「そうだ！　海パンを持っていくのを忘れてしまえば授業がサボれる！」

たしかに先生に海パンを忘れましたと言うのは恥ずかしいし怒られるかもしれない。しかし、泳いでいるときに受けるあの辱めにくらべればなんでもないではないか！

我れながらなかなかの名案だと思いました。

そして翌日、私は作戦どおり、海パンをタンスに残したまま登校しました。

罪悪感のせいかいつも以上に授業はうわのそらで、給食の時間になると、このあと先生に「海パン忘れました」と言わなくてはいけない、うまくいくだろうかと不安で一杯で、食事が喉を通らないくらいでした。

そんなとき、突然、教室のドアが開きました。私、クラスメイト、先生、その場にいる全員がスプーンを持っている手を止め、一斉に顔をドアのほうへ向けました。

そうです！　そこに立っていたのは私の母！

教室が静まりかえるなか、母はまるでターミネーターがサラ・コナーを探すように教室をゆっくりと見回しました。そして、私を発見すると私の顔を見つめたまま歩み寄り、その手に握りしめた海パンを私に渡し「忘れ物」と一言つぶやき去って行きました。あっけにとられ固まる私。一方、教室のドアが閉まると同時にクラス中がざわめきだしました。

「おまえ海パン忘れたのかよ〜」と冷やかされる私。

すかさず先生の「はい、静かに！」の一言でその場はおさまりましたが、私の心は、「あぁ〜この場から逃げ出したい」という恥ずかしさでいっぱいでした。

そして、いつにも増して辱めを受けることになった地獄の水泳が終わり、下校の時間になる頃には私の心境は「ババァなんてことしてくれたんだ！」という怒りに変化していました。

家に帰った私は、母と口をききませんでした。

しかし、そんな無言の怒りをアピールする私に対し、母は息子の「忘れ物」つまり「ピンチ」を救ったと勘違いしているようで、「お前のピンチを救ったけどわざわざ礼を言わなくてもいいよ」的なオーラを発し、いつものように台所で夕飯の支度をしているのでした。まさか母が、俺の海パンを届けにくるとは「ババァをナーメテーター！」な出来事でした。

「ナーメテーター」とは、以前番組でやっていたミニ・コーナーで、「以前は完全にナメていたが、ふとしたことからその真価を知った物件」について、リスナーの皆さんが遅まきながらそのすごさを力説する……という投稿企画でした。わざわざ『ターミネーター』のテーマ流してね（笑）。あれ、またやってもいいな……。

ともあれこのエピソード。客観的に、オトナの視点で見れば、本来「ありがとう、お母さん！」的なところにカテゴライズされるべき件なんですよね。忘れ物をわざわざ届けてくれたってことなんだから……それが魅惑の深海パーティーさんの意図には反していたとしても、そもそも子供ならではの浅知恵が悪いんだよ！

ただ、前にも言ったかもしれませんが、子供同士、特に男の子社会のなかでは、ある時期から「未だに親の庇護を必要としている」こと自体が恥である、というような空気が支配的になりだすもの……いや、言うまでもなく、実際はどいつもこいつもまだ、当然がっつりその庇護下でしか生きていけない連中のくせしやがって、という話なんですけども！　友達の前ではとにかくイキがりたい、と言うよりも、イキがっていないとそれこそナメられて子供社会内ヒエラルキーがどんどん下がっていってしまう、というような子供側の事情や心理も、世のお母さま方には、どうかご理解いただきたいあたりです。

母のセンス

毛糸の時計（神奈川県／女性）

　私の中学校の給食は、おかずが支給され、ご飯だけ自分の家から持ってくるという仕組みでした。原則は白ご飯で、梅干しやふりかけなどのご飯のお供はセーフでした。私の母は、よかれという気持ちで時々、からあげや卵焼きを密かに入れてくれて、それをバレないように食べるのが苦痛で仕方ありませんでした。

　中学一年生のある日、いつものように給食の時間、お弁当箱を開けると、そこにはなんと、S－O－B－Aが入っていたのです。焼きそばではありません。日本蕎麦です。おつゆにつけて食べるはずのお蕎麦がお弁当箱のなかに敷き詰められていたのです。

　今の私があの頃に戻れるなら、蕎麦が入っていたことを周囲にアピールし、先をいってる母のセンスにひと笑い起こしてその場を盛り上げるなどの行動がとれたのではないかと思うのですが、中一の私は、まだクラスになじめず、友達もいなかったので、ただ、ただ、お弁当箱のふたを閉じることしかできなかったです。その場をしのごうとおかずだけ食べていると、活発そうな女子から「あれ？　ご飯食べないの？」と、するどい指摘が！　すかさず私は「もう食べたんだ」と嘘をついてしまいました。
ババァ！　お弁当に蕎麦入れてんじゃねーよ！　でも今は離れて暮らしてるから、たまに実家に帰ったときに色々ご飯つくってくれてありがとーな！
ちなみに蕎麦は濃いめのおつゆで和えてあり、味がついていたそうです。

まず、「おかずが支給され、ご飯だけ自分の家から持ってくる」給食のシステムというのがあるのを、この投稿を読むまで僕は知らなかったです。合理的っちゃ合理的なのか……そしてもちろん、つゆで和えたS‐O‐B‐Aを敷き詰めた弁当箱などというものがこの世に存在し得るとは、想像すらしていなかった！

　なんだかんだでおいしそうだし、場合によっちゃ周りにもうらやましがられそうな気もするけど、特に親しい人がいないって状況じゃ隠したくなるのも無理はない。それにしても、たいして仲良くもないくせに、こっちがおかずだけ食べているっていうようなことだけは気づくのな、活発な女子とやら！

　ちなみに僕の場合は、空の弁当箱を持ち歩くのがとにかくものすごく嫌だったので、中学時代は毎日銀紙に包んだサンドイッチのみ、高校になってからは学校の購買部で明治パンの「スペシャルメロンパン」という超お気に入りの菓子パンを二個買って済ます、という独自のスタイルを頑なに守り続けていました。

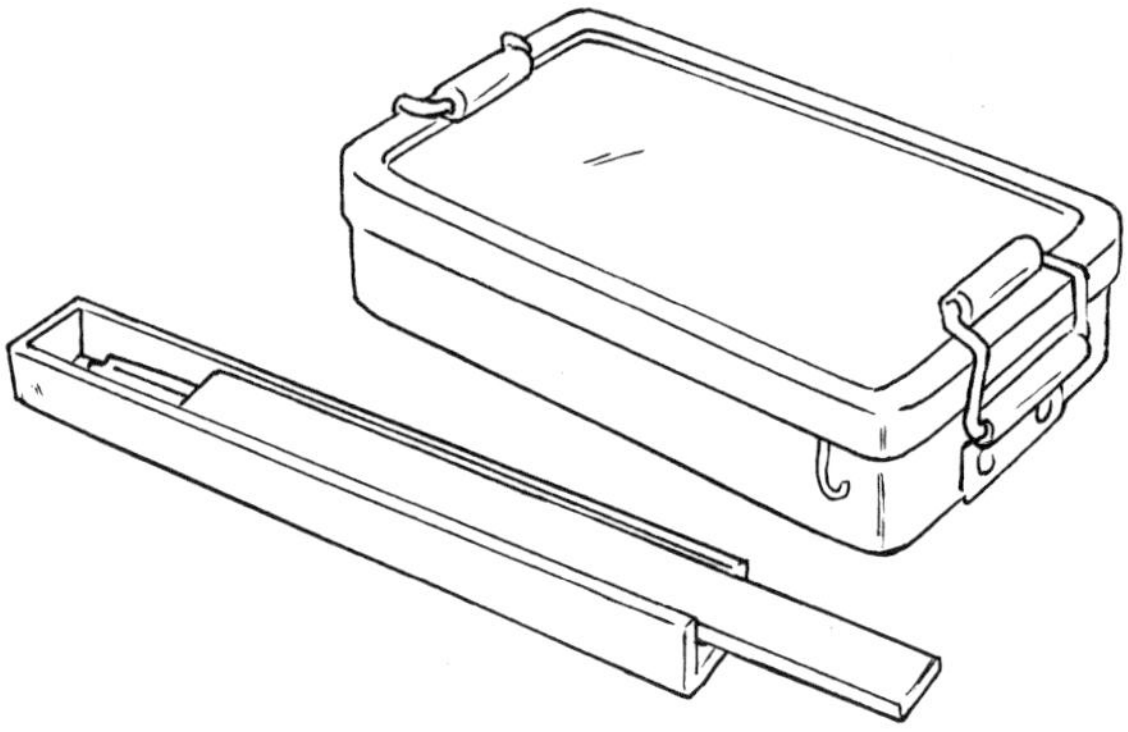

「これどうやって遊ぶのー？　ねぇーねぇー」

バイトクラブ（宮城県／男性）

あれは、五年前の高校三年の冬のことです。私は人生で初めてのO-N-A-H-Oを買いました。私はいつも、後処理が楽という理由で、お風呂で絶頂しぼり（オナニー）をしていました。

その日も、いつものように精神崩壊絶頂ロマンス（オナニー）をしようと、風呂場にオナホを持ち込みました。事も済み、体も洗い終え、風呂からあがり、次に入る妹（当時十歳）に「入れー」と言って、自分はリビングでテレビを見ていました。

すると風呂場から妹の叫び声。

「キャー！　風呂場に虫がいるー！」

なんだなんだと風呂場に集まる私と母。

風呂場に入ってみると、私の目にとびこんできたのは、風呂のお湯をかき混ぜる棒に突き刺さっている、私のオナホ。そう、私は事が終わったあと、オナホを洗い、それを風呂かき混ぜ棒に突き刺し、そのことを忘れて風呂をあがってしまったのです。

パニックになった私は、すぐその場から逃げ、自室に行きました。

ひと呼吸し、冷静になった私はもう一度風呂場に向かい、脱衣室を恐る恐る覗いてみると、なんと母が妹に「これはねー、虫じゃないのよ。お兄ちゃんがお風呂で使うおもちゃなのよー。お兄ちゃんに渡して聞いてごらん」などと言っているではないですか！

そして、私にオナホをつまみながら持ってくる妹。

「お母さんが、お兄ちゃんが使うおもちゃって言ってたけど、これどうやって遊ぶのー？　ねぇーねぇー」

私はなんと言っていいかわからず、「妹が使うには危ないから……」などとトンチンカンなことを言い、妹からオナホを取り上げ、自室に再度逃げました。

自室に戻り、泣きながら壁にオナホを叩きつける私。

ババァ、妹に変な説明をしてオナホを持ってこさせてんじゃねぇよ！　お風呂で一人寂しくシコシコする情けないオレでも、妹の前では兄としての威厳は保っていたいんだよ！

五年前の出来事ではありますが、今も一人暮らしの風呂場でオナホを使っていると、このことを思い出します。

願わくは、成長した妹が知識をつけ、オナホの存在を知る日が来ませんように。

この投稿はなにしろ「絶頂しぼり」「精神崩壊絶頂ロマンス」というネーミングセンスが壮絶に秀逸ですよね。放送時はあまりにも笑ってしまってまともに読めませんでした。

その名に相応しい激しいエクスタシーを毎度感じるタイプゆえということなのでしょうか、うっかり風呂場にブツを置き忘れてしまったこと、これはもちろんバイトクラブさんのミス。しかし、その後の、特にお母さまの対応もかなり悪質ですよね。明らかにソレが何かはわかってるうえで、わざわざ幼い妹に質問するよう仕向けて面白がるって、悪趣味にもほどがあるだろ！　ま、おそらくは、バイトクラブさんがソレを使用していること、その隠し場所なども、とうに把握していたのでしょうね。だからこそ、疑問を持ったりショックを受けたりするそぶりもなく、即座に「ちょっとお灸をすえてやろうかしら」的な行動を取ったということなのでしょうが……それと知らずにまんまと鉄砲玉にされた妹さんもいい迷惑ですよ！

それに対するバイトクラブさんの「自室に戻り、泣きながら壁にオナホを叩きつける」というアクションも、いかにも「青春の蹉跌《さてつ》」という感じで味わい深い。五年前ということですから妹さんは現在十五歳、記憶がすっかり薄れていることを祈るばかりです。

すごい文章力

ワタナベ ヒデタカ（東京都／男性／43歳）

僕が高校生の頃、お盆に父の実家に親戚一同が集まったときの思い出です。たわいない茶飲み話が、どういう流れか僕の学校の成績の話になりました。僕はまったく勉強をしないガキだったので成績は学年の最下位を争う惨憺たる出来でしたが、どういう訳か国語の成績だけが妙に良く、その件で「コイツは昔からおかしな奴だったよ」といったイジリを受けていました。思春期の僕は、そんな空気を〝ああもう、ウザいなあ。早く帰りたいなあ〟と思いながら無愛想にかわしていたのですが、母はおかまいなしに、

「そうなのよねー、この子はなんか文才も変にあるのよ」

と話し始めました。当時から、母は僕の小学校や中学校の卒業文集がオモシロかったとよく話題にしていたので、ああまたその話をするんだろうなと思っていると、なんと母は、

「この子の部屋で自作のエロ小説を見つけて読んだんだけど、すごい文章力なのよ」

と言いだしたのです。

今もそうですが、少年時代から性癖が特殊な僕は一般に流通するエロ本やAVでは性欲が満たされず、父のワープロを拝借しては夜な夜なエロ小説を執筆してO－K－A－Z－Uにするという自炊ライフを満喫していました。

当時の僕のエロ妄想の不動のエースは三鷹の名画座のハリソン・フォード祭りで観た『スター・ウォーズ　ジェダイの復讐』でジャバ・ザ・ハットの奴隷になったレイア姫です。僕は自作のなかで思うさまレイア姫を陵辱すると、その作品は「GORO」や「アクションカメラ」などのエロ本に挟んで保管していました。机の引き出しに「一応」隠していたそれらは、部屋の掃除をする母に定期的に捨てられていましたが母親というのはエロ本を見つければ捨てる生き物ですし、まさか間に挟んだ自作のエロ小説までは見ていないだろうと僕はタカをくくっていたのです。

ところが母は親戚一同の前で、いかに僕が高校生離れしたアクロバティックな文章表現でエロ小説を書いているかを滔々と説明しだしたのです。真っ赤になって脂汗を流しながらうつむく僕。そんなカミングアウトを受けて困惑の極みといった体の親戚一同。四十三歳になった今でも思い出すと変な叫び声が出そうになる地獄絵図でした。

普通はさ、「GORO」や「アクションカメラ」が見つかったってだけでも、十分大騒ぎなエピソードになるはずなんですよ。でも、この投稿者の場合、そこにはまったく動じていない。「母親というのはエロ本を見つければ捨てる生き物」だなんて、ここまで肝が据わった思春期男子というのも珍しいんじゃないか。

それもこれも、投稿者のこじらせレベルが、それどころじゃないからですよね。「自炊」ケースのなかでも、よくいるちょっとエロいイラスト描いてみました程度じゃない、本格的創作活動にきっちり昇華させているパターン！『ジェダイの復讐』（という表記がリアルタイムを実感させます）の通称「スレイブ・レイア」は、特に海外ではオタクたちの定番的セクシー・アイコンですけども、日本語のエロ小説という二次創作形式はなかなかレアなんじゃないでしょうか。どこかで買ってきた出来合いのO-K-A-Z-Uに頼りっぱなしだった身としては、ちょっとカッコ良く思えてくるほど。

ともあれ、自分の欲望が直で反映されてしまっているという点で、自作エロ小説は、通常のネタより親バレした際のダメージがさらに深刻と思われるのに……事もあろうに、親戚一同の前でバラされるって！　よほど息子の文章力が自慢だったのでしょうが、お母さん、まともに考えて、正気の沙汰じゃないですよ！

それにしても、国語の成績だけが良いからといって「おかしな奴」呼ばわりする親戚たちというのも、それはそれでなかなか煩わしい存在ですよね。うるせぇよ！　これもまたひとつの「ババァ、ノック」的圧力と言っていいかもしれません。

「ちょっと今はやめてもらってもいい？」

アンパンマン（ずぶ濡れver.）（三重県／男性）

僕には十歳上の兄がいます。たまに兄の部屋で二人でゲームをしたりして遊んでいました。そんな兄はよく彼女を我が家に連れて来て、俗に言う「お家デート」というのをやっていました。音楽が好きな兄は、お家デートのときBGMにしては少し大きめな音で音楽をかけていました。

ある日、兄がまぁまぁの女を連れて家に帰ってきました。二階の部屋に入ってすぐに音楽が流れだしました。僕は一階で録り溜めた「ドラえもん」を見ていたところ、母から「お兄ちゃんにこれ持って行ってあげて」とお茶菓子を渡されました。階段を上がり、音楽が大音量で流れている兄の部屋の前に行き、ノックをして開けると、兄と彼女は二人でお昼寝をしているのです。

純粋で無垢な僕は、掛け布団からはみ出ている二人の足や肩が服を纏っていなかったことになんの疑問も湧かず「お菓子持ってきたよー。お兄ちゃーんゲームしたーい」

と言って部屋に入りゲームをやり始めたのです。

今思えば、兄とそのまぁまぁの女は、きっと真っ昼間からそれはもうスケベェなことをしていたに違いありません。いわばピロートーク中にルームサービスよろしく登場した僕。しかも居座るという暴挙。

「ちょっと今はやめてもらってもいい？」「えー」「いいから」「そっかー……でも」「いいから」「……はーい」

このような感じで冷酷に断わられた僕。理解はしていないもののキツく断わられたことだけはわかった僕は、そこそこに凹んでいました。

その様子を見た母が「どうしたの？」と聞くので、事情を説明する僕。すると、「ちょっと行ってくる」、そう言って母は階段を上がっていくのでした。結果、僕は母を送り込んでしまったのです。僕は「ドラえもん」を見て凹んだ気持ちを慰めていました。兄よ、あのときはすまん……。

当たり前のように部屋に居座ってゲームを始められるくらい、歳が離れた兄弟同士仲がいいってこと自体は、微笑ましいはずなんですけどね。いかんせんアンパンマン（ずぶ濡れver.）さんが幼なすぎた。お兄さんも、悪気ゼロな小さい子を叱るわけにもゆかず、さぞかし頭を抱えたのではないでしょうか。無邪気そのものな弟と交わされる、要領を得ない会話もた

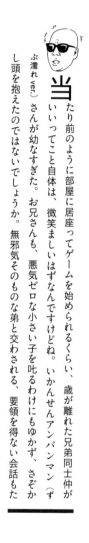

まりません。

　年頃の男女がこもりきった部屋のなかから、不自然なボリュームで音楽が流れているっていう時点で、不用意にドアを開けちゃダメって可能性は、なんにせよ考慮されるべきだと思うんですけどね。その意味で、無神経にも幼い弟を使者として送ったあげく、結果として密告者にまでしてしまったお母さまが、やっぱり一番のギルティ！

　ただ、ちょっと気になるのは、「そういうイヤらしいこととか、ボクまだわかんないでちゅ〜」的なかわいらしい視点で進むエピソードのはずなんですけど、途中でいきなり「まぁまぁの女」なんていうギョッとするようなフレーズが入ってくるあたり。まさかアンパンマン（ずぶ濡れver.）さん、天使のような顔を装いつつ、実はすべてをわかったうえでの行動だったとか……!?

母の推薦図書

ツエタケ（北海道／男性）

忘れられない私のババァ、ノック体験です。私が高一のとき、二つ下の弟（たく）が、「……にいちゃん、俺の部屋の押し入れの、あれ、何かした？」と聞くのです。あれ、とはそうE.R.O.book。彼の大事なコレクションのうち五冊が違うE.R.O.bookになっている、と言うのです。

「かんちがいだろー？」という私に対し、「いや！　間違いない！　間違いようがない！」と言いはる弟。嫌な予感がした私は、庭にいた母に、「……あのさ……たくの部屋で何かしてない？」と聞くと、母は、「んー？　なんのこと？」そしてポンと手を打ち、「あ～！　飽きたかと思って～」と答えたのです。

予想外の答えに私は何も言えずその場を立ち去りました。弟にも何も言えず、一刻も早くこの家を出よう、と強く心に決めたのでした。

ババァ、五冊もどこで手に入れてきたんだよ！

母親が息子のE.R.O.bookの買い替えをサポート……男親からだって絶対に嫌なのに、そんな話聞いたことないですよ！　史上最悪の推薦図書！

「飽きたと思って」とまで言うんですから、おそらく使用頻度までチェックされていたってことですよね。恐るべし母シズム管理社会！

ただ、ツエタケさんの弟さんも迂闊だったのは、五冊以上という中二としては立派なコレクションを、よりによって押し入れのなかなどという最も安易な場所にライブラリーしていたことでしょう。そんなのは隠し場所のうちに入りません！　自分の部屋だからといって主権が己にあると思って疑わないあたり、いかにも日本人的甘さと言わざるを得ない。現実には、自室とは、あくまで親の統治下にある、属国に過ぎないのです！　事前通告なしの立ち入り検査が定期的に行われていたとしても、なんの不思議もない。

ちなみに、その母チョイスの新規五冊、弟さんは結局、実際にご使用されたのでしょうか？　気になるあたりです。

夏が来れば思い出す

かーくん（千葉県／男性／39歳）

私は家庭の事情により、母子家庭だったため、幼少の頃は、夏の間、母方の祖母に預けられていました。そう！　今は亡き、祖母から受けた「ババシズム」の告発です！

私の祖母は、先の戦争で祖父を早くに亡くしており、酔うと、祖父との情事の話をよく聞かされました。そのとき決まって、ばーちゃんは「かーくん、乳吸うかい？」と、出し抜けに、だらんと下がった片乳を私に向けてくるのでした！　ばーちゃんは、なぜか夏場は家でトップレスでした。

幼少の頃は「えーっ！」と笑っていましたが、流石に五年生ぐらいになると、ドン引きしていました。そして中一の夏に怒鳴って「やめろよ！」と言ってから、どこか寂しそうな表情で、上着を着て去って行きました。

もう亡くなって、五年ほどたちますが、三十九になった今年も、この時季になるとばーちゃんの片乳と「かーくん、乳吸うかい？」のセリフが脳裏の片隅から出てきます。

すわ、コーナー初の戦争体験談か？　と襟を正しかけたところで、なんだ性的な話かよ！　とちょっぴりホッとさせられもしますが……とは言えやっぱり、おばあさまにとっては愛する伴侶を戦争で奪われたことに変わりはないわけで。そう考えると、決して長くはなかったのかもしれない甘い夫婦生活をこそ、凄惨な歴史の対極にある記憶として、繰り返し反芻していたおばあさまの思いというのも、実はなかなかに重いものがあるのではないでしょうか。

いやいやいやいやいや、それにしたって！　小学生にそんな話しちゃダメーッ！　いったいどの程度まで具体的に語り聞かせていたんでしょうかね……あまつさえそのタイミングでの「乳吸うかい？」って、完全にアウトだよババーッ！　ちなみにおばあさま、夏の屋内ではおっぱい丸出しで過ごされていたとのことですが、僕の大好きなちばてつや先生の漫画『のたり松太郎』でも、常に上半身裸で平然と生活している老女のキャラクターが出てきたりしてましたから、ある年代以上の女性にとっては、意外にそれほど奇異な行動というわけではないのかもしれません。

それだけに、最終的に孫からたしなめられ、「上着を着て」その場を立ち去ったという結末が、まるでひとつの時代の終わりを象徴するようで……余計に切ない余韻を残します。

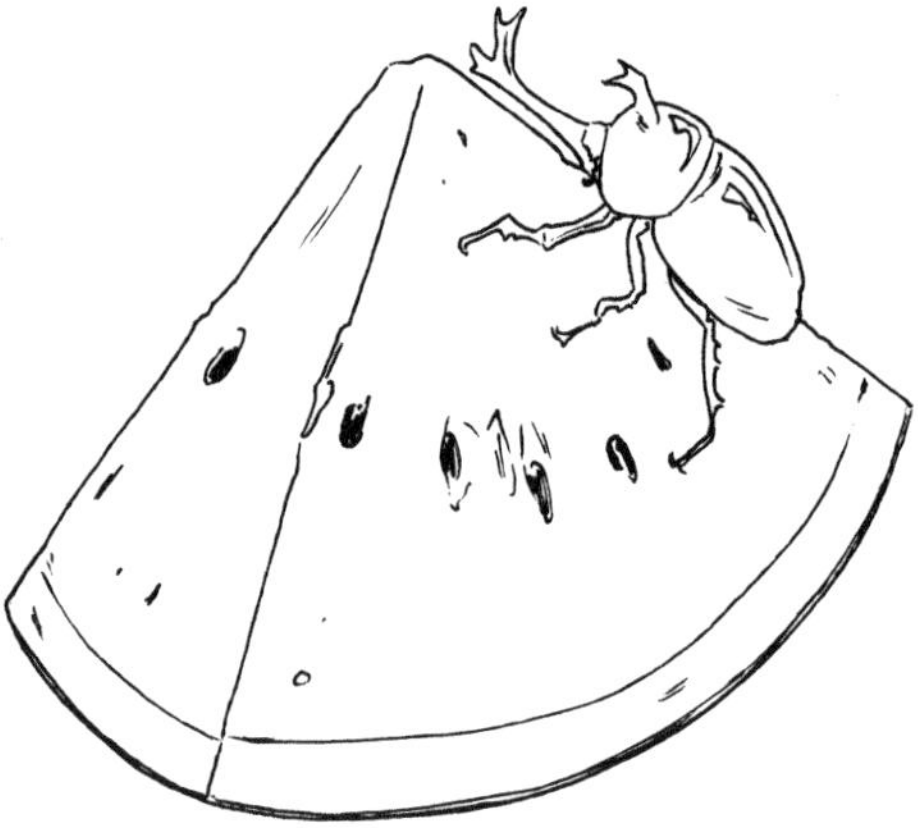

息子の大のお友だち

温泉ペンギン（東京都／女性／49歳）

私は中二男子の母、つまりババァ側の人間です。

その息子が小学五年生のとき、私は母シズムを発揮してしまいました。息子は、家では、ぬいぐるみに囲まれて幸せな時間を過ごす子だったのですが、五年生ともなれば、学校ではそんな素振りも見せずに過ごしていたようです。当然ですね。

そんなある日、私は、息子の授業参観に彼の大のお友達のぬいぐるみを二人、連れて行きました。彼らの名前は「パレオくん」と「パレナちゃん」です。教室の後ろで、パレオくんとパレナちゃんの顔をバッグから出し、一緒に授業の様子を見ました。後ろを一瞬振り向いた息子の顔が、パレオくんとパレナちゃんの顔を見るなり、真っ赤になっていきました。

チャイムが鳴るやいなや、息子は私のもとに駆け寄り、

「なんで持ってくるんだよ〜」

と、私を非難しました。

「持ってきたんじゃないわよ。連れてきたの。パレちゃんたちが、本物の学校を見たいって言ってたでしょ」

と、反論する私。恥ずかしがる息子をよそに、女子は、

「この子たち、かわいいね。なんて名前？」

と話しかけてきます。息子はますます恥ずかしくなったようです。

すまん、息子よ。君が小学校も高学年になっていたことを忘れていたんだよ。さすがに、外ではぬいぐるみ大好きをバラされたくないよな。

……というエピソードを、「タマフル」に投稿するように、何度も勧めたのに投稿しようとしないので、代わりにメールしました。……って、これも、立派な母シズムですね。

実は、この僕自身がまさに、温泉ペンギンさんの息子さんと同様、小学校中学年くらいまでは、いわゆる男児向け玩具と並行して、全然ぬいぐるみも大好き！　な男の子でございました。ひょっとすると息子さん、一人っ子だったりします？　だったらますます僕と同じで、要は家でのお友達代わり、なわけですけど……。ただし温泉ペンギンさんの息子さんは、きっと素直な子なんでしょう。そんなぬいぐるみたちとの汚《けが》れなき交友を、小五になるまで母親

の前でも無邪気に繰り広げていた。そこで、悲劇の種はすでにまかれていたと言っていいでしょう。

なんせ小五ともなれば、早い子はとっくに性の目覚めを迎えてもいる。「まだ子供」と「もう大人」の境界線上にさしかかる、極めてセンシティブな時期なのです。しかしそこで、「まだ子供」サイドだけしか見ようとしないのが母シズムの常。それはあくまで、親としての願望に過ぎないのですが……。かくして、家の外の子供社会では「もう大人」として振る舞っていた息子さんが、実は母親の前では、いまだに子供どころか幼児的ですらあるらしいという、今後の男子内ヒエラルキーにおいて致命的なダメージを遺すこと必至の恐るべき真実が、はからずも暴露されることとなってしまったわけです。なぜか女子たちには、逆にそこそこ好感を持って受け入れられたようなのが、せめてもの救いですが……でもやっぱちょっと、バカにされてる感もあるか(泣)。

恐ろしいのは、この投稿自体、この番組のリスナーではあるらしい息子さんには、無断でされているという事実です。このメール、読んで良かったものかどうか……。

男なら堂々と

ブラック企業に10年目（福岡県／男性）

まず前提として、私の住んでいるところは、そこそこの田舎で、人の噂は良いも悪いも含めあっという間に広まってしまいます。

我が家は父が借金と女性関係で早々に家を追い出され、母と私、弟の三人家族。母は父を追い出したことからもわかる通り、たいへん男勝りで肝っ玉の据わった女性で、「ラピュタのドーラ婆さんが若ければこんな感じか……」というほどのザ・オカン。細かいことは気にせず、人生なるようになるととにかくガッツあふれる人。父の借金もすぐに返済のメドをたて、ボンクラの我ら兄弟をしっかり大学まで卒業させてくれました。

またそんな性格ですので、思春期の中学生男子が隠し持つE-R-O-H-O-Nことエロ漫画を見つけられるというお決まりの事象においても、ひと味違った叱り方をしておりました。

「隠れてウジウジ見るんじゃない！　男ならみんな興味あるんだから、堂々としなさい！」

「わかったよ、母ちゃん！」と、答えたかどうかは記憶にありませんが、そのとき私が思ったことはひとつ。「言質は取った」。

以後数十年。もうじき四十を迎えようかという私は、重度のエロ漫画コレクター（蔵書は約五千冊ぐらい）となり、自室はおろか、屋内のいたるところに普通であればはばかられるような表紙のエロ漫画を散在させる最低のボンクラへと成り下がりました。母が何か言ってこないかって？　元々隠し事が嫌いな母は性癖を完全オープンにしている私にかえって安心し、エロ漫画の中身に関しては「なんかアニメの女の子がいっぱい出てる」程度の認識しかないものと思われます。さすがに親戚が来るときは、目につくところの本は片付けますが。

このような家庭環境であるため、「ババァ、ノックしろよ！」のコーナーが始まった当初、「へへ。俺にはノックされるべきドアがないのさ」とタカをくっておりました。その日が来るまでは。

ある日、仕事から帰宅すると、自宅に複数の男性が。あろうことか、私の部屋に入り、母と何事か相談をしているではありませんか！　動揺のあまり「何してんのォ！」とオタク特有の裏返った声で尋ねると、「あんたの本が多すぎて、このままじゃ床が抜ける。知り合いの大工さんに頼んで、部屋に本棚を作ってもらうから」とのこと。見ると、複数の男性はみな母と旧知の大工さんたち。私も子供の頃遊んでもらった仲です。その大工さんたちの私を見る目が……明らかに「奥さん、育て方間違ったな……」という、悲しみと侮蔑の混じったなんともたとえがたい感情を含ませているではありませんか！　なんということでしょう！

「おかん、頼む……。せめて本を段ボールに入れるから時間をくれ……」

人生で、こんなに必死かつ情けない懇願は初めてでしたが、続く母の一言、「なん恥ずかしがっとうね！　男は細かいことは気にせんと！」という朗らかな返事にとどめをさされました。

私の住んでいるところは、そこそこの田舎で、人の噂は善いも悪いもあっという間に広まってしまいます。大工さんたちは速やかに本を片付け、立派な本棚を作ってくれましたが、作業中私は「できれば俺もこのまま本棚にしてくれ」という感情でした。以来、町を歩いていても誰かが私のことを、私の蔵書を、噂しているのではないかと気が気ではありません。人生のビフォーアフターが始まり、そして終わりました。

私は母を尊敬しています。ババァなんて呼んだことはついぞありません。だから今回、初めて言葉にさせていただきます。

ババァ、俺が悪かった！　だからせめて他人の目を気にしてくれ！　あとできれば時間を戻してくれ！

以上、現在進行形の出来事でした。真剣に引っ越し考えてます。

あまりに豪放磊落、オープンな性格のお母さまのもと、少なくとも家の中では、誰に恥じることなく堂々と己のエロ帝国を築き上げてきたブラック企業に10年目さん。結果、アラフォーにしてさながらエロ漫画図書館と化した実家住まいという、言い訳不能のダメ人間に……（笑）。しかし、お母さまの真に自由な精神にとっては、隣近所の皆さんにその子細を知られることすら「なん恥ずかしがっとう」なことだった！　というのは、さすがの投稿者にも想定外だったようです。
まぁ、大事なコレクション専用の本棚を作ってもらえるなんて、考えようによってはありがたい話なわけですから、いっそのこと本当に、私設図書館としてコミュニティに開放してしまえばいいんじゃないですかね（無責任な提案）。どうせ「人の口に戸は立てられない」のですから……。同好の士だって、意外と近くにいるかもしれませんよ？
とにかく、あらゆる意味でノックする気などハナからない、お母さまの圧倒的なキャラクターが印象的な一篇でございました。

新聞の切り抜き

田舎者（鳥取県／男性）

中学生の頃、私は所属していた陸上部の同級生に恋をしていました。思春期真っ盛りの私にとって、あの陸上部のユニフォームや練習着は刺激そのもの。まさに、練習や勉強で溜まった frustration を毎日の masturbation にて排泄していました。

大会翌日の朝、新聞を見るとそこにはなんと恋する同級生の姿が！　彼女はある種目で全国的にも有名で、地元の大会では敵なし。新聞には毎回「○○、大会新記録！」「○○、連覇」といった見出しと写真が載るくらいの選手でした。

私はその写真を見ながら「あぁ、美しい……」「ブラ紐、ちょっと見えてるやん！」といった感情を抱き、放っておけばこの宝は、そのまま捨てられてしまうのかっ、となんとも言えない気持ちになりました。

そのとき、スタートしたのです。私の三年間続く癖が。そう、新聞の写真を切り抜きノートに貼り、保存。今でいうカット&ペーストです。三年間、大会の次の日の新聞が楽しみで仕方ありませんでした。

そして三年が経ち、卒業式のあと、部活の打ち上げがありました。そこには保護者も呼ばれ、みんなで三年間を振り返りながら、来たる高校生活に希望を抱くといった素敵な会でした。

そろそろお開きになろうかという頃、母が、私の恋する同級生のお母様にある物を渡したのです。そう、あのノートです。

「この子、◯◯ちゃんの活躍を毎回まとめていたんです。きっと同級生の活躍が嬉しかったんだと思うの。これからもがんばってね」

そう言ってノートを手渡す母。相手は困惑した顔で「ありがとう」と受け取りましたが、私のほうを無表情で見つめ、その後会話をすることはありませんでした。

ババァ、まとめてるの知ってたなら、一声かけてよ……。そしたら事前になんとかできたのに……。

切ないなぁ。だってこれ、ものすごく身近なところに、でも決して本当の意味で手が届くことはない「アイドル」がいる、みたいな話ですもんね。選手としても（恐らくは田舎者さんとはくらべものにならないほど）本格的に優秀というのがまた、絶望的なまでの高嶺の花感を際立たせていて、素晴らしい。

そこで田舎者さんが取った行動も、練習着盗んじゃったとか着替え覗いちゃったとかいう直接的な犯罪方向ではまったくなく、公に発表された写真を密かにスクラップして収集してゆくという、それこそ対象が本物のアイドルであればなんの問題もないような、ごくごく奥ゆかしいものにとどまっていたわけですから（たとえその写真を使って「溜まったfrustrationを毎日のmasturbationにて排泄」していたのだとしても、そんなのは内心の自由の範疇です!）、ここまでだったら単に、青く淡い恋の記憶として、胸の奥にそっとしまっておけばいい話だったかもしれない。

しかし、その「ノート」が、なまじ客観的には、やましいところなど何一つない、「同級生の活躍を陰ながら見守るノート」、に見えなくもなかっただけに……例によって母親による、的外れかつ破壊的な介入を招く結果となってしまいました。いや、たとえそれがホントに純粋な応援の記録だったとしても、なに勝手に渡してんだよババァ!　ってことには変わりないんですけども!

対する先方の母親は、明らかになんらかの異常性をそこから感じ取ってしまったようで……青春の結末は、いつでも残酷です。

U-B-A-S-U-T-E

サイタマのフラッパー（埼玉県／女性／39歳）

十年ほど前のことです。好きなミュージシャンの地方コンサートに、親孝行旅行と称して母を連れていくことになりました。一度は断ったのですが、旅行代は母がほぼ出してくれたため、私にとっては金のかからない親孝行。母も私のライブ友達に「ママ、わか〜い！」とチヤホヤされるのが満更でもない様子でした。

スポンサー付きの遠征に味をしめた私は、スガシカオさんのライブツアーにも母を連れていくことを画策。その年からスガさんのライブ形態が、おとなしめのコンサートホールから激しいライブハウスツアーになったのですが、それがどんなことを意味するのか、私にはまだよくわかっていませんでした。コンサートホールでは座席があるため、座っていれば他のお客さんの邪魔になることもなく、場違いな婆さん連れでも問題はなかったのですが、ライブハウスでは否応なしに、婆さんも揉みくちゃになるため、周囲に気を遣わせてしまいます。「まあ、どうせ整理番号も悪いだろうし、後ろで迷惑にならないように見ていればいいかな」と思ったときに限って、届いたチケットの整理番号は五番と六番。母を危険にさらすわけにはいかないし、何よりスガさんに婆さん連れでいるのを見られるのが恥ずかしすぎる。心残りはありましたが、整理番号に関係なく後ろで見ようと心に決めました。迎えたライブ当日。入場待ちをしているうちに落ち着かなくなってきた私。一度は我慢したものの、これを逃したら一生最前列に行けないかもしれない！　入場直前、瞳孔が完全に開ききった私が母にとった行動は、U-B-A-S-U-T-E。

母から目をそらして、口走る「おかーさん、あたしー、さきいくわー」。

母「あらそう〜。行ってらっしゃい〜。お母さんはどうしたらいいの〜？」

私「まだ入って来ちゃだめ。とってもあぶないところなの。ううん、置いてくんじゃないの。お母さんのことが心配なの。壁とか棒につかまれる場所にいてほしいの。とにかく……まだ来ちゃだめ」

母「よくわからないけど、お母さん、あなたの迷惑にだけはなりたくないのよ。楽しんできてね〜」

一瞬、心が痛みましたが、後ろを振り返ってはいけない。行かねばならぬ。

私「おっがぁー、雪がふってきたよぉー！（楢山節考）」

母の姿も、係員さんの「走らないでくださいー」の声も振り切って、ダッシュ入場。生まれてはじめての最前列、バーを握りしめて喜びに浸っていると、隣りから聞き慣れた声が。

「あー、握りやすい棒だ」

そこにはデンデラしたはずの母が。

私「あとから……来るはずじゃ……？　ほら、危ない……」

母「棒」

私「ここにいると、お母さん潰れちゃ」

母「棒」

満面の笑みをうかべながら最前列のバーを握る母。近くの女子高生に「あらー、あなた、シカオちゃんのライブはじめてー？」などと絡みだし、まわりが明らかに引いているのが伝わってきました。そこからは、あまりに辛すぎたのかライブの記憶が欠落しているものの、終演後、隣りのお客さんの「今日はシカオちゃん、こっちのほうに来てくれなかったねー」という声だけを覚えています……。

ちなみに母は、何度説明してもライムスターという単語を覚えられず「パイナップル」と言います。Mummy-D さんのことを「真ん中のボーカル」、DJ JIN さんのことを「後ろのバンド」、宇多丸さんのことを「え？　この人もそうなの？　地味じゃない？」、そして「リーダーがビールのCMに出ている」と言い張ります。
ババァ！　四人目のリーダーって誰だよ！　パイナップルのライブには絶対連れていかないからなー！

スキンヘッドにサングラスって、「地味」って言うのかなぁ……（笑）。新たに見聞きした固有名詞などを、そもそもきちんと覚える気がなさそう、という年寄り特有の傾向についても、以前お話しした通りです（P58参照）。

この投稿、娘の心配などどこ吹く風といった調子のお母さまのたくましさもさることながら（特に「握りやすい棒」に必要以上に感心してみせるあたり、年配女性ならではのウザかわいさが炸裂！）、サイタマのフラッパーさんの、母親に対するいくらなんでもな表現の畳みかけがたまらないですよね。「場違いな婆さん連れ」「婆さん連れでいるのを見られるのが恥ずかしすぎる」、あげく楢山節考だデンデラだって……その日のスガさんが、本当に「場違いな婆さん」がいるあたりを避けていたのかどうかも、いつか本人に確かめてみようと思います！

なんにせよ、なんだかんだでお母さまとの相当な仲の良さがうかがえる、「同性ならでは」感も強いエピソードかと。

元カノの写真

yootaro（神奈川県／男性）

これは僕が中学校二年生のときに起きた「ババァ、ノック」です。

僕は初めて彼女ができて、もうとにかく毎日浮かれていました。それと、『桐島、部活やめるってよ』にとにかく衝撃を受け、いろんな人に桐島はヤバイ、と話していました。そして僕は心の友、前田（『桐島～』の主人公の映画少年）が『鉄男』を見た帰りにやってしまったのと同じことをしてしまったのです。デート中『桐島～』を彼女に語りつくす、ということを。そのせいで、ある日、渋谷を彼女と徘徊して、プリクラを撮って帰ってから連絡が一切こなくなりました。三日経ってもメールの返事がないので、もうこれは終わった、と悲しくなり、朝から映画を四本はしご。そして、その夜、案の定メールで振られました。ちなみに、そのメールには「映画の話ばかりでいつもよくわかんなかった」と。そして終《しま》いには「実は生まれてからまだ映画を映画館で見たことなかった」という始末。その夜は本当に『葛城事件』なみの地獄が頭の中で起きており、彼女とのプリクラを見ながらベッドで寝てしまいました。

そして朝、目を覚ますと、母親が目の前に立っている。なんだなんだと母親の顔を見ると、彼女とのプリクラを見ながらクスクスと笑っています。プリクラに書いてあった彼女の名前を読み上げ「○○ちゃんかわいいじゃない」と満面の笑みでこちらを見てくる母親。僕は両親とこういう関係の話をするのが大の苦手で、プリクラの女の子が実は元カノだとも、昨日失恋したとも、何も話すことができませんでした。だが、本当のババァ地獄はここからだったのです。

翌日、母親とレストランに行きました。料理が出てくるのが遅かったため、母親の iPad を見ながら時間を潰していると、なんと、自分の元カノの写真がうじゃうじゃと保存されてるではないか！　どうやらプリクラに書いてあった彼女の名前を Facebook、Twitter ほか、片っ端からネットで検索したらしく、そこには彼女のツイートのスクショまで保存されていました。「ババァ！　どこでこんな写真手に入れた!?」とも言えず、呆然としながら、晩飯を食べていると、突然避妊の話をし始める母親。母親はいつも、して欲しくないことを繰り返し、耳にタコができるほど、僕に言ってきます。その月は、母親と二人になるとほぼ必ず避妊の話をされました。

ババァ！　元カノの写真ネットで調べてんじゃねえし、する相手もいねえのに避妊の話ばっかすんじゃねぇ！

でもまぁ、結果はともあれ、中二で初デートできてるわけですからねぇ……高二でようやく一対一のデートにこぎつけた僕からすれば、そんなもんねぇ、十分恵まれた話ですよ！　そんな歳で、そうそういきなり上手く事が運んでたまるか！　当然の報いだ！（笑）
　ただ、僕もその高二の初デートで、yootaroさんと似たような過ちを犯してしまってますからねぇ。僕の場合、とりあえず映画に誘ったまではまぁいいとして、そこでの作品チョイスがまずかった。一九八五年の十二月だったら、普通に『バック・トゥ・ザ・フューチャー』に行けばバッチリだったろうに、無意味にもそこで「ワンランク上のシネフィル」感をアピろうとした僕は、ヴィム・ヴェンダースの、よりによって『ハメット』！　を選んだあげく、当然のように鑑賞後漂った微妙な空気をなんとかしようと、ヴェンダースがいかに苦しみながら同作を撮ったのか等々、彼女にとっては心底どうでもよかろうウンチクを、さらに延々と垂れ流し続けたのでした……『桐島～』語りのほうがまだナンボかかわいげがあるわ！　ま、おそらくは年齢やジャンルに関係なく、こだわりの強い趣味人が陥りがちな症状として、身につまされるという方は非常に多いエピソードなのではないでしょうか。
　それにしても、このお母さまの情報収集能力も、すさまじいものがありますよね。ＳＮＳという名の相互監視システムと、母シズムの完璧なる結託……恐ろしい時代が到来したものです。

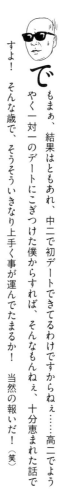

母の合格発表

マーボーべろりん（千葉県／女性）

私が、美大のデザイン学科志望の浪人生だった頃。まじめに予備校に通っているくせに、絵がヘタクソで、勉強もできず、寒さが苦手で、さらに、メンタルも激弱という、地獄の四重奏を奏でながら受験ロードを走っていました。

雪の降る試験当日は、この豆腐のような激弱メンタルが炸裂し、実技の最中、絵に色を塗りながら泣く始末。さらに、寒くてお腹は下すわ、下してるくせにお腹は空くわで、腹の構造どうなってるんだよといった、しっちゃかめっちゃかな状態に。それでも、なんとか試験を終え、帰宅し、家では、強がってあえていつも通りに過ごし、さも何事もなかったように振る舞いました。

そして迎えた、合格発表当日。激弱メンタルに、思いもしない角度から、とどめを刺す母シズム案件が勃発しました。

昨今は、大学のウェブサイトに合格者の受験番号が掲載されるので、学校に掲示を見に行かずとも、合否を確認することができるのです。私は、どうしてもわざわざ出かけて行く気になれず、ネットで確認しました。当然、私の番号はありません。あの試験じゃそうだよな……と、涙も出ないほど呆然とする私に、突如、母の声が。別の部屋で同じく、合否を見ていた母がまじめな調子で言ったのです。

「あんた！　この番号、彫刻学科なら受かってるわよ！」

私が受けたのはデザイン学科だけです。もちろん、そのことは母も知っています。

「いや、受けてないし……落ちてるから……」

「建築学科と、美術学科も受かってるわよ！」

「いや……落ちてるって……」

「油絵学科も受かってるわよ！」

「いや……だから……落ちてるって……」

「日本画学科も受かってるわよ！」

ババァァァァァ！　落ちてるって言ってんだろ！　何回も言わせてんじゃねーよ！

若干天然なところのある母はイヤミを言う感じでもなく、ごくまじめに、淡々と、その後も、「情報学科も受かってるわね～」などと、すべての学科をくまなくチェックし、私と同じ受験番号の誰だかわからない人物たちの合格発表をしてくれました。

最終的に、「う〜ん、デザイン学科は受かってないのよね〜」と不思議そうに一言。ババァァァァァ！　だから、落ちてるって言ってんだろ！　斜め上の角度からトドメ刺してんじゃねーよ！

結局、この年はどこにも受からず、二浪したのち、ようやく美大生になれました。今でも、この母による、謎の人物たちの合格発表が、受験の苦い記憶とともに、頭の中に残っています。ババア！　独自の合格発表してんじゃねぇよ！

これ、お母さん的には、どういう心理の働きから出てくる発言なんですかね？　「惜しいわねぇ」みたいなこと？　……全然惜しくねぇよ！（笑）。もしくは、本気で全学科共通の受験番号だと思い込んでいるか。だとしたら、「若干」どころじゃない、ド天然！

いずれにしても我が子のために、どれだけおぼろげであろうとも、可能性があるかもしれないのであれば一応拾いあげようとしてはみる、というのが、やはり母心というものなのかもしれませんね。ただし、当の娘が目の前で伝えようとしていることはまるで拾ってくれず、同じ会話をしつっこく繰り返すばかり、というのもまた、母シズム案件のお約束ですけども……。

後半のお母さまエピソードが強烈すぎてつい忘れてしまいがちですが、前半でこれでもかとばかりに展開される、マーボーべろりんさんの常軌を逸したダメダメ受験の様子も、実は相当にすさまじいですよね。あまりにフィジカルもメンタルも弱すぎて、なんだかスラップスティックコメディみたいなことになっちゃってる！　実際の画《え》ヅラが見てみたいです。

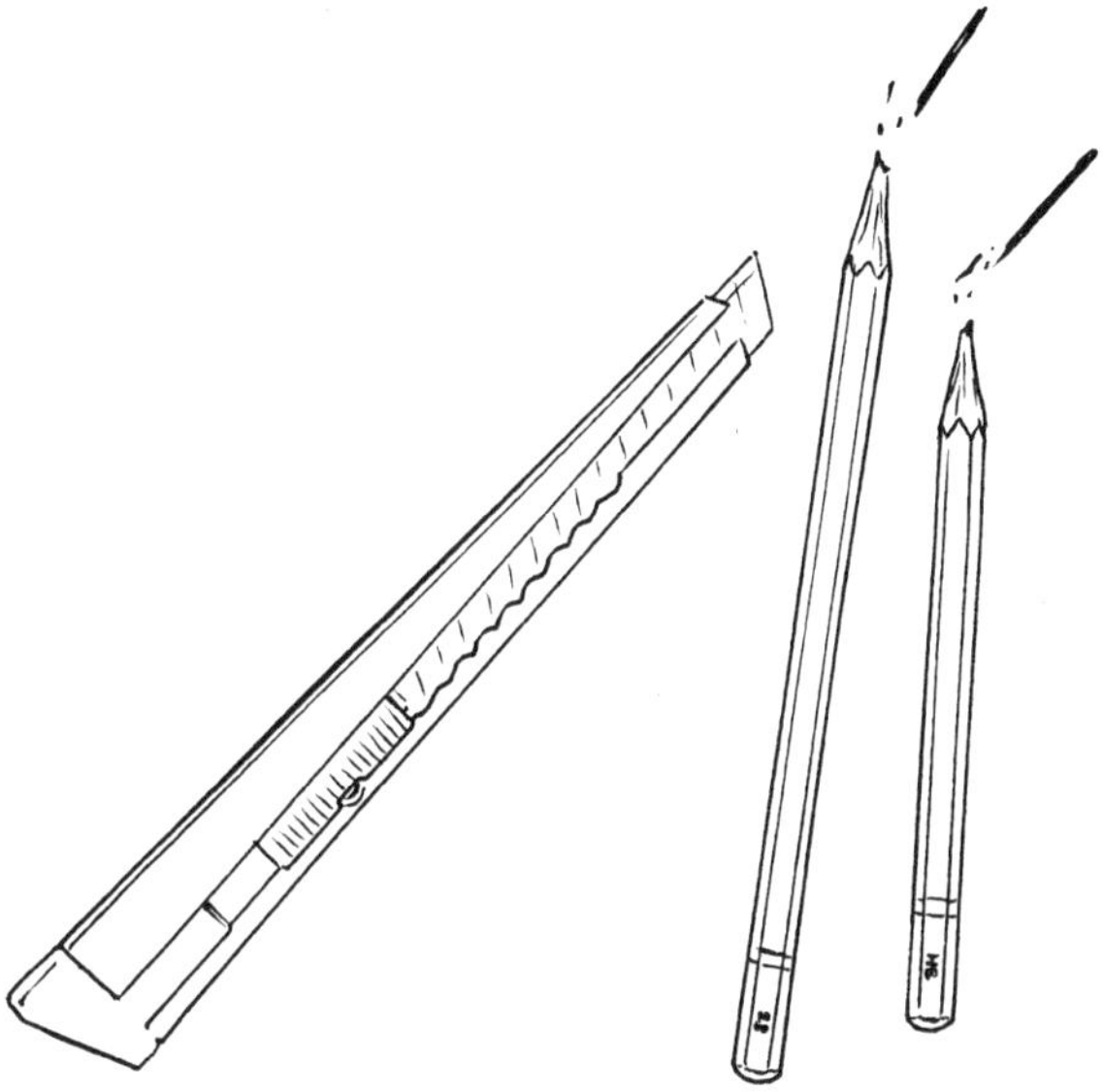

迎えに行かなきゃ

まめぶ44マグナムズa.k.aまめっち部長さん（栃木県／男性／46歳）

僕が大学に入学して間もない頃の話です。その日、帰省のため生まれ故郷の福島に電車で向かいました。

二一時に両親が車で駅まで迎えに来ることになっていましたが、早めに到着してしまった僕は時間を潰そうと駅ビルに向かいました。すると前方から泥酔した女性が男性二人に両脇を支えられよろよろと歩いて来ます。まだ宵の口だし女のクセにみっともないなーと思っていると、それは紛うことなき僕を産んだ女a.k.a母親でした。

「お、お母さん!?」と驚いていると、その二人の男性は母の職場の同僚らしく、「キミ、まめぶ君？　お母さん、キミが一ヶ月ぶりに帰ってくるって上機嫌で呑みすぎたみたい。駅に迎えに行かなきゃと言ってたから連れて来たんだよね、あとは頼む」と言い残すと職場の宴会に戻っていきました。

駅の通路に取り残されたシラフの僕と泥酔する母親。携帯など無い時代で父に連絡も取れず右往左往していると「キボヂワルイ」と通路の隅で嘔吐する母親。その後、女子トイレに連れて行くもなかなか出て来ない母親。母を探しに、頭を下げながら女子トイレの個室を覗き込んで救出する大学生の息子。父親が来るまでの一時間はとてつもなく長く感じられました。後にも先にも母親のあんな醜態を見たことはありません。

ババァ！　下戸のくせに酒に呑まれてんじゃねーよ！

まめぶさんが大学に入ってすぐ、ということですから、お母さまもきっと、息子と離れて暮らすなんて初めてのことで、心底さびしい日々を送られていたんだろうと思うんです。それだけに、久々にまめぶさんの顔を見られるのが嬉しくて嬉しくてしょうがなくて……つい調子に乗って、飲めないはずのアルコールに手を出しちゃった。そう考えると、もちろんお酒には気をつけてもらいたいもんですけど、とってもかわいらしい話ではある。ま、駅構内リバース～女子トイレ籠城と、放置できない迷惑行為に及ぶに至って、図らずも親の保護者を務めざるを得なくなった息子としては、そんな呑気な心持ちではとてもいられなかったかもしれませんが……。

それにしても、これだけの量「ババァ、ノック」報告を読んでいると、早い段階でもう、嫌な予感がしてくるようになるもんですね。「すると前方から泥酔した女性が男性二人に両脇を支えられ」ってあたりですでに、「あぁ、終わった……」という感じがしてきます（笑）。

警察関係

今夜もビンビン！（東京都／男性／27歳）

あれは私が小学六年生の頃の話。

すでに性に目覚めていた私は、深夜にテレビで放送していた、エッチなVシネマを録画するのを人生最大の喜びとしていました。ある日、『Zero WOMAN 警視庁0課の女』を録画した私は、VHSのラベルに「警察関係」と書いてリビングの棚に並べておきました。録画した翌日ビデオを再生してみると、そこに映っていたのは警視庁の女ではなく、舘ひろしと柴田恭兵……。何が起きているのか理解できないまま、しばらく「あぶ刑事《デカ》」を観ていると、お母さんが「あぁ、ビデオ録画しておいたよ。警察関係ってあったから、刑事ドラマが観たかったんでしょ?」と一言。さらに、「エッチなの入ってたけど、上書きしておいたから」とトドメの一言。

おいババァ！　俺が観たいのはダンディな刑事じゃなくて、セクシーな女刑事なんだよ！

出ました、ビデオのラベル問題。多くの人が偽装を試みては、ときに失敗に終わっているという話、あちこちで耳にしております。個人的に思い出すのは、僕の相方Mummy-Dの弟で、やはりラッパーのKOHEI JAPAN。彼が高校のころ密かに録り溜めていたエロVHSテープのラベルには、「原発問題」（『危険な話』ブームの八〇年代末という世相を反映しています）、そして「プロ野球」（試合中継の録画にしても普通〝何月何日対〇〇戦〟くらい書くだろ！）という、どう考えてもカテゴリーとして大雑把すぎる文言が記されており、僕を含めた来訪者の失笑を買っていたものでした。

その意味では、今夜もビンビン！　さんの「警察関係」というのも、それに負けず劣らず不審さビンビン！　ですよね。お母さまが、これはいかにも怪しいとチェックを入れたくなるのも、当然と言えば当然でしょう。

しかし、それにしたって……「エッチなの入ってたけど」とか、わざわざ傷口に塩をすり込むようなこと言う必要ないだろ！　単に「上書きしておいた」というだけで、事実上エロ本を発見され勝手に捨てられたに等しい恥辱を、息子さんはすでに受けているのだから……ホントは、たとえそーゆーものを子供の部屋で見つけたとしても、そこはあえてスルーして、自力での成（性）長を黙って遠くから見守ってあげるのが大人の務め、というものじゃないかと僕は思いますが。

誰もいない

筑前煮（沖縄県／男性）

僕が密告するのはお母さんについてではなく、お父さん、そう「パパシズム」です。テニス好きの父に影響されて、中学生のとき、僕はソフトテニス部に所属していました。県内でも上位のチームだったので、練習についていくのがやっとでしたが、三年生になると、僕は運がいいことに、レギュラーに。父は大層喜び、僕が出場する大会や練習試合は、どんなに忙しくても、合間を縫って応援に来てくれていました。

ある練習試合の日、事件は起きました。僕が試合をしている最中、いつもは応援してくれていた父や部員全員が、誰もいないのです。そして、遠くで聞き覚えのある怒号。もしやと思い、ボールを取りに行くふりをして、近づいてみると、父が部員全員を集めて説教をしていたのです。訳がわからず、内容を聞いてみると、「息子の試合を、誰も心から応援していない」とか、「そもそも君たちは声が小さい」や、「俺の応援を見習え」など、これでもかと怒鳴っているのです。仲のよい部員達が、父の親バカに振り回されているこの状況を飲み込めず、頭が真っ白になり、あ、わかった。きっとこれは夢なんだ！　と本気で思い込みました。試合後、部員一人一人に謝りましたが、ああ、これは僕の黒歴史になるなあと思うと、目から汗がこぼれました。

ちなみにお父さん、この部のOBってわけでもなんでもないんですね？　仮にホントに大先輩に当たる立場だったとしても、いきなり顔を出して「俺が現役の頃はこうじゃなかった」だとかなんとか説教垂れるのなんて、決して褒められた行為じゃないっていうのに……親バカゆえの強気にもほどがあるよ！　部員の皆さんもきっと、「ところで俺ら、なんでこの人に怒られてるんだろ？」と、ずーっと頭の上にクエスチョンマークが浮かんでいたことと思います。「怒号」っていうところにまた、母シズムとはまったく違う、男親ならではのイヤーな圧迫感がありますよね。

それにこれ、別に親からじゃなくたって、第三者から「誰も○○くんのこと本気で応援してないけど、ちゃんとしなよ！」みたいな、要は「擁護してくれてるつもりかもしれないけど、そんなことわざわざ大声で言葉にされると逆にこっちが傷つくわ！」的なお節介って、普通にメチャクチャ嫌じゃないですか？　それこそ、「お前ら、ライムスターのライブなのに全然盛り上がってないって、宇多丸さんに失礼だろ！」とかさ……「いや、やってるこっちはそこまで盛り上がってないとは思ってなかったんですけど……」っていう。悲しくなるからやめて。一番やめて。フォローしてるつもりかもしれないけど、ぜってぇやめろ。

ガサ入れ

ちゃんちー（宮城県／女性）

これは私が高校生だった頃の話です。

うちの父は、太っていて、ハゲていて、態度と声が大きい、という、年頃の娘であった私にとっては決して良くない印象を持つ男でした。それは当時中学生の妹にしても、時には妻である母にしても同じだったようで、何かあると「ウザイ」「キモイ」「とにかく最悪！」と三人で愚痴ることもしばしば。

さらに悪いことに父のエログッズの隠し場所を、偶然母が見つけてしまい、私と妹を案内し公開するという暴挙。私はなんとなく後ろめたさを感じ、じっくりと詳細を見ることはせず、うわぁ、と眺める程度。妹はなんだか楽しそうにキャッキャしていました。その妹の楽しそうな様子に気をよくしたのか、母はたまにガサ入れしては「新しいのが増えてた！」などと断じて要らぬ情報を私たちに流していました。

その日はやってきました。「お父さんの部屋からシュコシュコ音がする」と、父の部屋の隣の寝室で寝ている母が言うのです。私と妹を呼び、隠し場所を漁る母。すると、何やら目新しいものが。CGイラストの若い女性のパッケージ。risaと名前らしき文字。ゲーム？　アニメ？　と私が思っていると、母が「わぁ～！　これ、膨らますやつだよ」とニヤニヤしながら言いました。そうです。父のダッチワイフです！　母が聞いたシュコシュコという音は、夜な夜な父がせっせと空気を入れている音だったのです！　性に疎かった私はそんなものがあるなんて知らず唖然。妹は興味津々。止せばいいのに悪ノリが止まらない母。

「これ穴あけたらどうなるかなぁ～？」

針を持ってきて、ぷす！　ぷす！　といくつか穴をあけ母爆笑。私と妹はハラハラしながらも、「もうやめとこ！」「いやもう一個あけよ！」となんだかんだその場を楽しみました。

後日、「お父さんの部屋から、夜スースー聞こえるよ」と、ダッチワイフrisaのボディが使い物にならなくなったようだ、という悲しい知らせを母から聞きました。

この件で盛り上がりのピークが過ぎたのか、以降ガサ入れに呼び出されることはなくなりました。

ババァ！　いちいち娘を呼ぶんじゃねーよ！

あと、父よ、ごめん。

「決して良くない印象を持つ男」って……思春期の娘ともなると、お父さんというものにここまでの距離を感じてしまうものなんでしょうか。ちゃんちーさん家が圧倒的に女性多数派であるというのも大きいのでしょうが。父は悲し。

いやしかし、それにしたって、いくらなんでも。ご家族と、あまつさえ年頃の娘さんたちまで一緒に暮らす家で、空気式とは言え、ダッチワイフ買うかー⁉　隣の部屋からシュコシュコ音がするって、空気入れてるってことは、奥さんのすぐ横でヌケヌケとヤツを抱いてるってことでしょ？　お父さんはお父さんで問題ありすぎ！　お母さまの穴あけ攻撃も、ぶっちゃけその無神経さに対する怒りがベースにあったのではないでしょうか。いや、ただ単に本気でバカにしきってただけかもしれないけど……。

なんにせよその狭間で、なんぼなんでも赤裸々すぎる親の性の実態を、最も繊細な年齢で目の当たりにさせられることになったちゃんちーさんが、やはり一番の被害者ですよね。

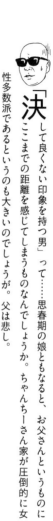

十歳になったら

ドブさらい（埼玉県／男性／23歳）

これは僕が十歳を迎えた、まさにその日の出来事です。十歳はひとつの節目であり、家族から今までの誕生日よりも豪華に祝ってもらいました。僕は大好きなショートケーキを食べ、プレゼントを貰い、上機嫌でした。催しが一通り終わり、僕は父、母、姉、と家族そろってTVを見ていました。そんなとき、母が唐突に切り出したのです。

「お尻の穴を見せなさい」

「え？」

動揺して聞き返すと、母は「十歳になったら誰でも、親にお尻の穴を見せなきゃいけないの。だから見せなさい」と厳しい口調で言いました。当時の僕は下の毛も生えておらず、大きくなる股間の秘密さえ知らなかったとは言え、親にお尻の穴を見せるなんて拷問以外の何ものでもありません。僕は拒否しました。しかし母はひるまず、

「先月、アッちゃん誕生日だったでしょ？　アッちゃんに聞いてみな。お母さんにお

尻の穴を見せたはずだから。それが当たり前なの」

と、当時、学年一頭の良かった僕の友達の名前を出してきたのです。

「アッちゃんも見せたの……?」

クラスの模範たるあのアッちゃんが、お母さんにお尻の穴を見せたとなると、それはかなりの信憑性を帯びてくるのです。加えて母は看護師であり、今ここでお尻の穴を見せておかないと、医学的にまずいことになってしまうのではないかという推測も可能でした。中途半端に発達した十歳の脳味噌は、パニック寸前に。

「いいから早くしなさい」

母の言葉に張りつめる空気。ダンマリを決め込む父と姉。楽しかった誕生日は遥か遠く、地獄へと変わっていました。そして、僕は……。

人は嫌な体験を記憶から抹消してしまうと聞きます。きっとそのためなのでしょう。僕がお尻の穴を見せたのかどうか、その記憶はありません。しかし記憶が無いということはつまり、見せたということなのだと思います。母があの日、どんな意図を持って、僕のシリアナ東京を拝もうとしたのか。十年以上経った今もなお本人に聞けませんし、聞いてはいけない気がしています。他にも同様な被害に遭われた方がいるのかネットで調べたくても、検索エンジンに「十歳　肛門　見せる」などと入力した途端、サイバー警察が飛んできそうで、できません。あの日の出来事は深い傷、そして大きな謎として、僕の心に残されているのです。
ババァ、よくわかんねぇイニシエーション仕掛けてくんじゃねぇよ！

肝心な部分の記憶が欠落したまま、真相は未だに闇の中……という、大変不気味な余韻を残す一篇です。

母親の豹変ぶりはもちろんのこと、客観的に見ればどう考えても常軌を逸しているその要求を、父も姉も、止めるどころか黙認している様子なのがまた、妙に恐ろしい。まるで、自分以外の家族全員が、示し合わせてこの「十歳の誕生日の秘密の儀式」に備えてでもいたかのように……そう考えると、誕生会がいつもより豪華だったというのも、どこか「最後の晩餐」めいていて、不吉な感じがしてこなくもない。なんだか、いつの間にか周囲の人間が丸ごとロボットに入れ替わってたとか、宇宙人に身体を乗っ取られたとか、そういうSFホラー的な話にも思えてきます。

ということで、真実を確かめる勇気が出ないのもなんとなくわかる。直接お母さまに真意を尋ねるのは避けたとしても、例えばお姉さんに「あのさ、僕の十歳の誕生日のこと、覚えてる？　あれってなんで……」と言いかけた途端、姉の表情が瞬時に今まで見たこともないほど冷たくなって、「その話……しないほうがいいんじゃないかな……」と無感情に言い放たれでもしたら……それこそ怖すぎて、立ち直れなくなっちゃうよ！　いやもちろん、完全に僕の妄想ですけども。

それにしてもお母さま、ホントにいったいどういうつもりだったんでしょうね。

まさかのいい話

Mochiko（東京都／女性）

私は、来月男の子を出産予定の妊婦です。

もうすぐ迎える初めての出産・子育て、そして何より、男兄弟のいない私にとって初めての男児との生活……。男の子ってどうやって育てたらいいの？　元気で優しい子に育って欲しい。乱暴者になったらどうしよう！　いつか彼女ができたりするの⁉︎　性の目覚めに直面したら動揺しないでいられるかしら⁉︎　まだ生まれてもいない息子の成長をめぐる想像は膨らむばかり、不安なこともいっぱいでした（夫はそんな私を見て、男の子は適度に放っておいてあげてよ、と苦笑いするばかりです）。

そんなとき、私を勇気づけてくれたのが、このコーナーでした。

成長していく男子たち、女子たちと、我が子に愛情という名の無神経をほがらかにふりかざし輝く母親たちの姿。子育てって、いいなぁ！　家族って、いいなぁ！

自分が母親から受けたありがたた迷惑の数々を感謝とともに思い返しながら、これから迎える息子との新しい生活を、楽しみに想像することができました。

コーナー開始当初は、母親ってこんなことしちゃうんだな、私も気をつけなくちゃ、と学ぶ気持ちで聞いていたのですが、気づくと最近は、我が子に愛情をぶつけるのが楽しみです。多少ウザがられても、気づかぬふりして一生お母さんしてやるぞー！という気持ちでにんまりとしてしまうのです。これが母性というものかと、出産が近づき強くなっていく自分を感じる次第です。

世の中のお母さんたち、私に勇気をありがとう。

出産がんばります！

「まだ生まれてもいない息子の成長をめぐる想像は膨らむばかり」ってところで、当番組ではおなじみ、ビデオ考古学者・コンバットRECのことを思い出してしまいました。まだ奥さんが妊娠八ヶ月目くらいの段階で、「いやぁ、難しいねぇ……門限って何時にすればいいのかねぇ」とか、真顔で言ってきましたからね！　でも、ホントにそういう問題に頭を悩ませるような年頃にまで我が子が育ってみれば、先走った心配をしていた自分をも、きっと懐かしく、愛おしく思い返したりもするんじゃないでしょうか。
まさかこんなかたちでこのコーナーが人様のお役に立てるとは思ってもみませんでした。今頃はMochikoさん、リアルな子育てにてんてこ舞いってところでしょうかね……いつか息子さんの「ババァ、ノック」エピソードがうかがえる日を、楽しみにしております！

それにしても「多少ウザがられても、気づかぬふりして一生お母さんしてやるぞー！」って、実はすべての母親の偽らざる覚悟なのかもしれませんね……。

ぶり返してたら＋手紙

「ライムスター宇多丸のウィークエンド・シャッフル」番組アドバイザー
妹尾匡夫

この「ババア、ノックしろよ！」の企画をした、「タマフル」番組アドバイザーの妹尾でございます。

おもしろいエピソードはいくつか届くだろうとは思っておりましたが、ここまで皆さんから様々な爆笑&悲哀メッセージが届くとまでは思っておりませんでした。

さて……僕の母親はもう数年前に天に召されておりますが、思い出すだに、のべつ無神経でありました。

僕が転んでほっぺたに泥がついたときには、ハンカチに自分のツバをつけてこすって取ろうとする（くせぇんだあれ）。テレビのミステリー番組の犯人をこともなげに発表してしまう。成長期の子供の洋服は、似合うかどうかよりも後にでかくなるからだを鑑みてブカブカのものを買い、着させてしまう。などなど……。

ここでは、放送で企画プレゼンをしたときにご紹介した私の思い出である「ババア！

タマぽんぽんやめろ！」話（四～五歳の頃患って、もうすっかり治っている鼠径ヘルニアを、「もしかして、ぶり返してたらいけないから見せろ」と言い、嫌がる俺をしゃがんだ自分の目の前に立たせ、下半身を完全露出させて、中学入学直後の男の子の生のタマタマちゃんを手のひらでぽんぽんといじり、チェックした事実）とは別の、「ババア、ノックしろよ！」案件をお伝えしたいと思います。

僕、妹尾は神戸の出身です。父親の仕事の関係で、中学一年生の夏休みに突入してすぐ、関東に引っ越しをすることになりました。

小学生～中学生、つまり神戸時代の自分は、どちらかというと地味でおとなしく、運動神経もあまり良くなく、ということは当然、目立つ生徒でもなく、輪の中心になることもなく、友達も少ない人間でした。

ただ、自分はずーっとそんな人生を送っており、特にあせるわけでもなく、「まあ、こんなもんなんだろう。俺の日常なんて」と思っておりました。

そんな僕が、いよいよ引っ越しする日になり、出発するＪＲの「兵庫駅」に行きました。母親と妹が一緒でした。

「今日で、生まれ育った関西の土地ともお別れか」

そんなふうに思いつつ、僕はそのときちょっとだけ期待もしておりました。

「もしかしたら、クラスメイトの何人かが、見送りに来てくれるかも」

ただ同時に、

「まあ、無理だよ」

「無理だとは思うけど、比較的仲のよかった生駒くんや田中くんぐらいは顔を出してくれるかも」

そんな複雑な気分がないまぜになっていました。クラスメイトの数人には引っ越しの日にちを伝えていたからです。

もちろん、本来なら友達など来るはずはありません。自分のその頃の日常生活を振り返ればそんなことはわかっている。でも、もしかしたら、もしかしたら一人くらいは来てくれるかもしれない。そんな淡い期待。

いよいよ列車が発車する時刻が近づいてきました。やはりというか当然というか、クラスメイトは一人も見送りに来ませんでした。がっかりはしましたが、もともと、

「たぶん誰も来ないだろうな」

と思っていたので、そのまま関東へ向かう列車に乗りました。

夏休み真っ盛りの八月のはじめ、暑い日、突然僕あてに、三十通近いハガキが同時に届きました。差出人を見ると、神戸の中学のクラスメイトたちからのハガキでした。ザッと読むと、「見送りにいけなくてごめんね」などと、書かれていました。驚きました。と同時

になんだかうれしくなって、

「こんなにたくさん、みんなで出してくれたんだ」

そんな風に思いながら、ニコニコとハガキを見つめておりました。

すると、母親がそれを横から見て言ったのです。

「あ、来たのね」

あ、来たのね？　何それ？　驚きもしないでそんなことを言うのはなぜ？

そう思い、母親に聞きました。

「何？　どういうこと？」

「あのね、実は担任の先生にお母さんがお手紙を送ったのよ」

「え？　手紙？」

「そう。〝転校に向かう列車を待つ間、息子は誰かクラスメイトが見送りに来てくれるんじゃないかと、楽しみに待っていたようです。でも、結局誰も来ず、息子は寂しそうな顔を浮かべておりました。横でその姿を見ている母親としても、とても寂しい思いをしました〟って」

「……」

絶句しました。

(だ、だからか。だからこんなに一斉に)

そんな僕の様子にも気づかず、母は続けました。

「きっと、登校日にクラスのみんなに先生が言ってくれたのね。〝君たちは、妹尾君が寂しい思いをして旅立ったことをどう思ってるんだ!〟とかさ。〝書きたい奴だけでいい。妹尾君にみんなハガキを書け〟とかさ」

そんなことを白状する母親の顔面を見ながら僕は、

(そんなことはわかってる。まだ中学一年だが、その程度の予想は簡単につく。ただ、だからこそ、そんなことは聞きたくなかった!)

その事実を知ってから読むと、ハガキには先生に書かされたゆえの色々な特徴があることが、見えてきました。

あるハガキには、「妹尾君、元気にしてる? あのときはお見送りにいけなくてごめんね」と書いてある。あるハガキには「そんな風に寂しい思いをするなんて気がつかなかったんだ」と書いてある。「東京はどうですか? おもしろい? (僕が引っ越したのは千葉)」そんなのはいいほうだ。「あさがおが咲いた」と書いてあるもの、「昨日の夜はハンバーグを食べました。おいしかったです」と書いてあるもの、「暑中お見舞い申し上げます」としか書いていないもの、「松島健二」自分の名前だけのものもある。「実は僕は、村上菜々美ちゃんが好きです。内緒だよ」というのもあったなあ。明らかに、先生に言われ、でも書くことが思いつかず、とりあえず書いただけなのが丸出しでした。

母の言葉を聞いてからは、どのハガキも、僕を十分に傷つけました。

本当に僕のことを心配してくれた奴もいたかもしれない。が、めんどくせぇけど、先生に言われたからイヤイヤ書いた奴もいたに違いない。心配してくれた奴、イヤイヤ書いた奴、「めんどくせぇなあ」と思いながら、その気持ちを隠しながら書いた奴、もろにめんどくさそうな顔をしながら書いた奴。いろいろ。しかしどれがどいつなのかは僕には見分けがつかない。

しかも教室で登校日にみんなで一斉に書いたのは間違いない。消印が同じ日付、同じ郵便局のものでした。早く帰りたいのに残されて、特に仲もよくなかった思い出も少ない、かつてのクラスメイトへのハガキにどんなメッセージを書くか頭をひねっているクラスメイトたち。そんな姿が目に浮かぶ。

クラスメイト全員から届いたわけではなく、数人はそれでも書いてない奴がいることにも微妙に傷ついていました。

そんな傷ついている僕に、母親の一言が響きました。

「よかったじゃない。ね?」

(よかったのか?　これはよかったと言えることなのか?)

僕の頭のなかには、そんな混乱した気持ちがうずまきました。

その後、クラスメイトから、ハガキや手紙のたぐいは、一通も来ることはありませんでした。

何年たっても。

一瞬の夢のような出来事への喜び、からの〜、ありきたりの日常。

まだ夏休みで、新しい学校に顔も出していないので、関東の地には顔見知りが一人もいない状態。僕は一人。その年の夏休みはとても長かったという思い出が残っています。

あのな、あのなババァ。息子がかわいいと思うのはいい。いいが、あんたが迂闊にとった行動が、そして内緒にしておけばそれで済む、その行動の迂闊な報告が、息子をどう傷つけるかも考えろ！

「世の中には、無神経という言葉があるんだ」とこのときはじめて知りました。

母という生き物は日本中にいる。多かれ少なかれ、こういうところを持っている。そういう母親の気持ちを、いまではどこかいとおしく、微笑ましく……なんか思わねーぞ！

このアマ！

だが、ま、一応愛は愛だ。とりあえず言っておこう。

「ママ（当時僕はそう呼んでいた）生んでくれて、アリガトぉー（神戸ではオオキにとは言わない）」

せのお・まさお　一九五八年兵庫生まれ。吉田照美氏の深夜ラジオへの投稿がきっかけで、八〇年から放送作家をはじめる。タマフルでは、アドバイザーを務める。愛称・せのちん。TBSラジオ「サタデー大人天国！　宮川賢のパカパカ行進曲!!」「小沢昭一の小沢昭一的こころ」などの担当でも知られた。演劇ユニット「シアターまあ」の主宰であり、劇作家、演出家としても活動している。

「ライムスター宇多丸のウィークエンド・シャッフル」レギュラー
しまおまほ

ババァ事件簿

ファイル1：Y田くんのお母さん

〝ババァ〟と言えば、小中学校時代の同級生Y田くんのお母さんのことだ。

一九八〇年代後半だった当時、授業参観で教室の後ろに並ぶのは、バブル期ならではの肩パッドスーツでキメた派手なお母さん、まだ三十代前半の若々しくかわいらしいお母さん、キャリアウーマンのかっこいいお母さん。そんな中、モジャモジャパーマとガリガリボディ、柄オン柄のコーディネイト、見た目ほぼ林家ペー（not パー子）のY田くんのお母さんは、ひときわ異質な存在であった。うちの学校の生徒を見つければ所構わず大声で呼びかけ近づいて来るし、何かと用事をつくっては学校にやってきて先生と話し込む。Y田くんのお母さんの姿を見ると反射的に物陰に隠れる子もいた。

そんなY田くんのお母さんに変化が訪れたのは、わたしたちが中学校に進学したあたりからである。それまでの柄オン柄&エプロンのスタイルから突如自転車用サングラスをかけ、流線型のヘルメットをかぶり、全身にフィットしたサイクルウェアを身にまとうという、本格派サイクリングババァと化したのだった。しかし、それ以外は以前のままで、その格好で授業参観へ来て先生と話し込んだり、突然道端でロードレーサーに話しかけられたと思ったらY田くんの母ちゃんだったりして、想像の斜め上をいくイメチェンは、我々の度肝をぬいた。Y田くんにその理由を尋ねても「さぁ……」と言うばかり。ちなみにY田くんはまったく普通の男の子で、強烈な母親のキャラに特に反発することもなく飄々としていた。それ故か、お母さんものびのびババァライフをエンジョイしていて、なかなかの、いい親子だった。

Y田くんのお母さんは、わたしたちが高校、大学へと進学しても、サイクリングババァの格好で近所をうろついていた。わたしは、彼女が自転車に乗っているのを見たことがない。私が見るのは、だいたい、サングラス、ヘルメット、サイクルウェアでスーパーで買い物かごを持つ姿か、区役所周辺を徒歩で移動する姿か……。サングラスをかけたまま大根を持つ姿、今でも脳裏にへばりついている。同級生によれば、ちゃんとロードバイクにも乗っていたらしい。

しかし、ここ五、六年その姿を見かけることはなかった。元気にしていたらいいのだけれど、と思っていた矢先のつい先日、Y田くんのお母さんを発見した。何気なく見たGoogle Mapのストリートビューで。家の近くの新聞集配所の前で突っ立っている様子がバッチリ写っていたのだ。あのパーマとガリガリボディ、間違いない。そこに映るY田くんのお母さんは、ロードレーサーの格好はしていなかった。白いダボダボのシャツに、ジャージの半ズボン、便所サンダルで佇むその姿は、なんというか、もうほぼ、ジジィであった。

ファイル2：母のアンテナ

わたしの母は昭和十五年生まれ。同世代の友人のお母さんたちよりだいぶ世代が上だ。

もう十年以上前、「裏原宿」という言葉にブランド力が漲っていた頃、家族で香港旅行へ出かけた。夜のマーケットで買い物していると、別行動していた母がビニール袋をさげてやってきた。

「いいシャツ買っちゃった！」

聞けば、路地裏になかなかセンスの良い洋服の露店があり、そこで二枚ほどシャツを購入したのだという。ホテルに帰り、さっそく戦利品を見せてもらった。

ひとつは小豆色をしたダイヤ柄のシャツ。もうひとつはブルーグレーのチェック柄のシャツ。そして、胸には見覚えのあるサルのマーク。タグには堂々とA BATHING APE……。

固まるわたしに母は言った。

「このブランド、有名なの？」

知らないで買ったのか！　知ってて買っていても問題あるけど……。

「これ、今男の子の間ですごく流行ってるブランドのニセモノだよ。ＮＩＧＯって人の

「……」

「ああ、NIGOね」

そこは知ってるんかい！

母は帰国後、ニセモノということをまったく無視してシャツをヘビーローテーション。もともとヘボい生地のシャツがさらにヨレて、なんならいい感じの古着テイストになった。

朝、お母さんが例のシャツを着ていると「ああ、今日はAPEデーか……」と軽くテンションが下がったものだ。自分の母親が裏原宿ブランドを着て近所をウロウロしているというのが、どんなにむず痒かったことか。


先日もこんなことがあった。母が突然わたしに質問を投げかけた。

「踵って流行ってるの？」

は？　なんの話？　お父さんの痛風の話？　わたしはなんのことだかまったく話が見えなかった。

「二人組なのよ」

え？　二人の踵？　わたしは意味がさっぱりわからず、考えこんだ。

まさか……KAKATO……のこと……？

「ラジオで聴いたのよ、チンザ……」

ドープネスね。なんか、お母さんの口から鎮座DOPENESSの名前聞くのとかって、超恥ずかしい〜！

「環ROYってカッコいいね」

やーめーてー！

・いまだ携帯も持たず、パソコンのキーボードも人差し指一本でしか打てないくせに！

知らず知らずのうちに若者ブランド（ニセモノだけど）を身にまとい、最新HIP HOP情報をモノにしていた母のアンテナには、尊敬の念さえ抱きます。

……でもババア、そこらへん食い込んでこなくていいから〜！

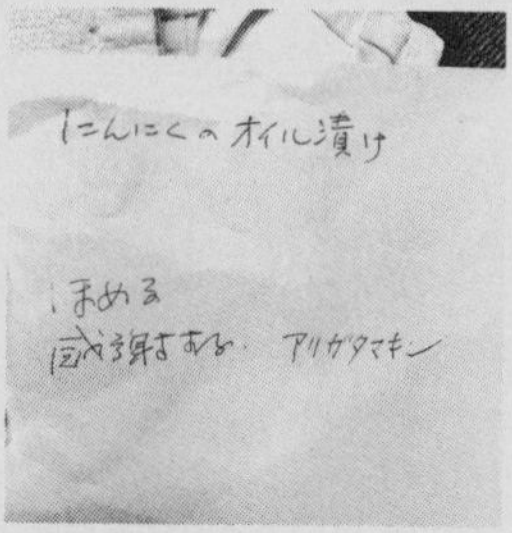

しまお母の謎メモ1：うちの母は時々謎めいたメモを残す。真意を尋ねるのも躊躇した、アリガタマキン……。

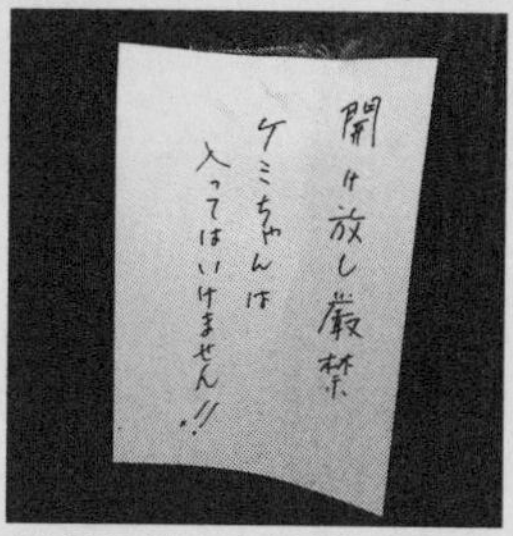

しまお母の謎メモ2：仕事部屋の扉に張り紙。飼い猫に向けて。読めるか否かは関係ないらしい。とりあえず忠告。

しまお・まほ　一九七八年東京生まれ。漫画家、エッセイスト。〇七年のタマフル放送開始よりレギュラー出演（現在は育休中）。九七年『女子高生ゴリコ』（扶桑社）でデビュー。著書に『ガールフレンド』『マイ・リトル・世田谷』（スペースシャワーネットワーク）など。現在「POPEYE」「世田谷LIFE」「文學界」で連載中。ちなみに、ご両親はともに写真家で、潮田登久子さん、島尾伸三さん。

放送後記

「ライムスター宇多丸のウィークエンド・シャッフル」構成作家

古川 耕

このコーナーが始まってからというもの、土曜の夕方にTBSラジオの会議室でババァノックのメールを選ぶのが本当に楽しみでした。本書を読まれた方ならご存じの通り（宇多丸さんも書いていましたが）、「絶頂しぼり（P143参照）真っ最中にお母さんが踏み込んでギャー」的なエピソードだけでなく、この世には実にさまざまなババァノック事案があり、つまりは親子それぞれにそれぞれの歴史があるのだと、しみじみ感慨にふけることもしばしばでした。ババァたちによる予想外のドア破りに毎週抱腹絶倒しつつ、子供って案外守るべきものが多いものなんだと改めて気がついたりもして。

女性からの投稿が多いのも嬉しかったし、お母さんからの投稿が多かったのもさらに嬉しい驚きでした。彼女たちからの、申し開きとも開き直りともとれる投稿を読んでいて、そして自分も二児の父としてつくづく思うのは、「親子」というのは子と親とでまるで見え方が違う、ということでした。

かつてはまるで思いも寄らなかったことですが、子供を核にしてゆっくり形づくられていった家族という結晶は、親の目からすると、思いのほかまばゆく、そのまぶしさにいつも我々の目はハレーションを起こしてしまうのです。

親たちはこれからも見当違いのドアを叩くでしょう。デリカシーに欠ける踏み込みや、ピントのずれたお節介をやき続けるでしょう。家族というプリズムから放たれる光で目測を誤り続け、だからいつの時代も「ババア、ノックしろよ!」の声が鳴り止むことはないのでしょう、きっと。

ふるかわ・こう　一九七三年横浜市出身。ライター・放送作家。〇七年、タマフル放送開始より未経験ながら宇多丸氏に請われ構成を担当。その後TBSラジオ『ジェーン・スー　相談は踊る』『生活は踊る』『高橋芳朗　HAPPY SAD』『ザ・トップ5』などを担当している。文房具に造詣が深く文具ライターとしても活躍。ポエトリーリーディング・アーティスト小林大吾のプロデュースも担当している。

あとがき

「ライムスター宇多丸のウィークエンド・シャッフル」パーソナリティ
宇多丸

どうやら一応、毎週の放送を聴いているらしい僕の母（……というのがすでに、いくつになろうが現在進行形の過保護感ビンビンで、恥ずかしい限りなのですが）。定期的に送られてくる手紙に、ときおり番組の感想なども書いてあって、この企画に関しては、「私たちが子どもの頃は、自分の部屋なんて持たせてもらえないのが当たり前でしたからね（母は八十オーバーの焼け跡世代）。〝ノックしろよ〟だなんて、贅沢なことが言える時代になりましたね」とのこと……いやまぁそりゃあ、おっしゃる通りなんですけども！

確かに、それが当然の権利であるかのように心底思い込めるほど、本当に何不自由なく育ててもらっていて初めて、「ババア、ノックしろよ！」なんて、あらゆる意味で甘ったれきった、「この世で一番カッコ悪いセリフ」も言えるようになるわけで。その意味で、放送でのコーナー終わりが、いつも「世界の言語による母親への感謝の言葉」になっているのも、あながちふざけているばかりでもないのです。

ということで、本書の末尾も、やはりこのフレーズで締めさせていただきましょう。

「でもね、お母さん……産んでくれて、ありがとう」

うたまる　ラッパー・ラジオパーソナリティ。一九六九年東京都生まれ。八九年の大学在学中にヒップホップ・グループ「ライムスター」を結成。日本ヒップホップの黎明期よりシーンを牽引し、いまだに第一線で驚異的な活躍を見せている。また、〇七年にTBSラジオ「ライタムスター宇多丸のウィークエンド・シャッフル」がスタートすると、ラジオパーソナリティとしてもブレイク。〇九年には、第四十六回ギャラクシー賞「DJパーソナリティ賞」を受賞。

ババア、ノックしろよ！

TBSラジオ「ライムスター宇多丸のウィークエンド・シャッフル」編

発行日　2016年11月13日初版第1刷

執筆　ライムスター宇多丸、妹尾匡夫、しまおまほ、古川耕
イラスト　竹田嘉文
写真　小荒井弥（株式会社 弥弥）
ブックデザイン　佐藤亜沙美
構成　古川耕
編集　加藤基
協力　津波古啓介（TBSラジオ）、簑和田裕介（TBSトライメディア）、株式会社スタープレイヤーズ

発行者　孫家邦
発行所　株式会社リトルモア
〒151-0051
渋谷区千駄ヶ谷3-56-6
電話　03-3401-1042
FAX　03-3401-1052

DTP　アーティザンカンパニー株式会社
印刷・製本所　中央精版印刷株式会社

ISBN978-4-89815-451-9 C0076